周婉京 著

清思集

作家出版社

周婉京 ❖

作家，艺术评论人，古器物收藏者。
本科毕业于香港城市大学、瑞典斯德
哥尔摩大学，硕士毕业于香港中文大
学。二○○九年至今，发表剧本创作、
文艺评论将近百万字，访谈时间超过
五百小时。曾任香港《大公报》收藏
版主编。长期为《明报月刊》《典藏·
今艺术》《艺术新闻/中文版》《Yishu》
（典藏国际版）撰稿。著有《一个人
的欧洲》等。

序一

翟健民（收藏家、古董经纪人）

不知不觉已经从业四十多年，四十多年，让我从一个懵懂的少年开始，见证了中外艺术品市场的发展历程。作为一名较为资深的艺术品经纪人，我深感逢时，借为《清思集》作序，有些许感悟，说出来，权当交流。

买家买东西，卖家卖东西，好像艺术经纪人的职责只有买卖，其实不然。就我自身而言，我从未把古玩交易只当作一场买卖，我相信每一件物品都是有生命的。一件物品，流传百年、千年，它要经过多少人手，饱含多少历史信息，又隐藏着多少故事，太值得我们品味了。把一件艺术品"递到"懂得欣赏它的人的手上，既是我的荣幸，也给予我莫大的满足感。在香港，我常为一位老收藏家淘宝，每当买到一件好东西，他都会在告别的时候，鞠躬以示感谢帮他找到一件心爱之物，每每此时都会令我十分感动。

收藏者和经纪人之间最重要的是"信任"二字。我常形容艺术品经纪人应该有"卖花的姑娘插竹叶"的精神，也要有"是什么就说什么，说什么就是什么"的诚信，要对得起藏家的信任，为其买到心爱的有价值的藏品。俗话说"与人方便，手有余香"，"为他人作嫁衣裳"在这里应作褒义解，反映的是一种品格。同时

1

经纪人也肩负着一份责任，那就是引导收藏爱好者有个良好的心态，走上正确的收藏道路。所谓"疑人勿用，用人勿疑"，收藏者也应该对经纪人有足够的信任，不应该盲目听从他人的建议。有一些买家，不停询问别人的意见，十个八个不在话下，以至于最后不知道该听谁的，错失良机。

就收藏而言，收藏品所带来的乐趣与其本身价值不一定成正比。收藏的乐趣不一定非是买到了稀世奇珍才能获得，有时候一个小小的物件也可以。香港有条摩罗街，像是缩小的北京潘家园。我曾经只花了五百块，在一个地摊买了一只紫檀木鱼。最令我开心的并不是捡到了漏，而是每当嗒嗒地敲它，全家人就知道开饭了。物以致用，收获的是开心，更是幸福。

真正的收藏不应是带有功利目的的。一旦把古玩艺术品作为投资，尤其是炫富的手段，其本身意义就小得多了。如果真的是投资，也要将眼光放长远，不要投机，也不要跟风，我个人的收藏理念更重视国际化的艺术品。过去翻看拍卖图录会给人莫大的新鲜感和满足感，现如今则大打折扣。我见过很多人，刚买的东西，还没焐热，转手又拿去拍卖了。更有甚者连东西的名字都记不住，只记得花了多少钱，或是赚了多少钱。虽说在古代艺术品中，我们都只不过是匆匆的过客。但这样的曾经"拥有"，还不如真正懂得欣赏它的人驻足在玻璃柜前十分钟。所以我建议收藏爱好者多花时间学习相关知识，博物馆、拍卖预展、古玩市场都是很好的学习机会，在还不是很了解的时候，多看少买是明智的选择。

收藏的乐趣也在于分享。大收藏家张伯驹先生曾将稀世珍宝

《平复帖》借与王世襄先生拿回家中研究一月有余，被视为美谈，这样的气魄和胸怀是值得我们钦佩和学习的。

一个人不可能永恒地拥有某件东西，盖棺尚且未必是"定论"，这一点在婉京的这本访谈集中处处可见。得到了一件好东西，能够与人分享，其快乐必然大于独赏，秘不示人不利于交流和进步。几十年的经验告诉我，收藏者的心胸越开阔，越可能收到好东西。这很像金庸先生笔下的"扫地僧"，佛法越高深，越可能修炼到更多的绝世武功。

序二

冯博一（策展人、评论家）

　　婉京是我在香港认识的"90后"作家、艺评人和记者。之所以强调"90后"，是因为存身于每一个时代所依赖的文化背景以及生活状态，决定着这一代人的价值观和思维、行为方式。尽管按时间代际区分一个人的不同活法，有些不甚科学和准确，也不能较为完整地包容复杂多变的特色，相反还会消弭一些既有的现象，但这只是约定俗成地为了方便概括地表述而已。婉京生于北京，就学于香港、瑞典，工作并兼职于香港、台湾等多家媒体。在我看来，她的志趣和文化游牧般的经历，已经不是传统文人或记者身份的单向度、同质化思维的展开，而是一种个人现实生存实在观察经验的主观创作与记述。

　　其实，我比较感兴趣，抑或诧异于婉京如此年轻，却又如此广泛地涉猎于传统文化、当代文化的不同类别，既有江南士风的趣味，又敏锐于当代文化艺术的混杂，由此构成了她偏于古今中外的文化提问、采访和叙事的内在基因。而以女性自喻来诉说着文人理想和现实的针对性，婉京是在此文脉上，并对那种旧式生活的精心酝酿出的诗情画意，自然形成了她本身所具有的敏感、细微的写作风格。

古董、收藏或人物，都是在中国文化土壤中的自然演绎。而作为对现实浮躁的"代偿"，当代艺术中诸多的现象，以及活跃的各类关键人物，她毫不避讳地表现出对其中的感性觉知，在这种寻拾的考察、访问中，提示出当代艺术的影响、作用与价值，也因之在更纯粹的意义上成为婉京的自我写照。当然这是我看婉京《清思集》一书的这些文章、采访所生发出的揣度，未必与她的写作主旨相一致。不过主观设想与文章的效果总是存有距离，尤其是最终作为一件文化产品与作者相脱离，任由其读者的社会效果来评说的时候。

现在，年轻人选择一种能够拥有多重职业和多重身份的多元生活，已经开始成为可能，当人的个性不断地被释放，兴趣有可能成为谋生的手段时，其多维的综合能力，对当下文明程度的敏锐，以及创造性地转化和对社会所带来的影响或许更为关键与重要。据我对婉京的了解，她的努力，特别是这本书中所涉及的内容，婉京应该是其中的佼佼者。这个时代最重要的投资，可以说是"自我投资"了。因为只要你拥有丰富的知识积累、才华和能力，就可以拥有多重的职业与身份，过上更接近于人类原本自然的生存状态，一种自主的，多元的、有趣的，同时又能经济独立的自由。

相对于我们这一代来说，我认同和艳羡于他们无所顾忌的游刃有余，并看他们不同于"80后"一代。但我却又多少有些违和之感，所以，我更感慨于作为"90后"的婉京，猛于虎！

序三

春妮（主持人）

我是古董、艺术的"门外汉"，然而，将这本《清思集》书稿捧在手上，几天下来就看完了，青铜器、陶瓷、古玉、现当代艺术家作品的描写并不难懂，作者由浅入深，分析得有理有据。

我常常逛书店，这类涵盖古今艺术类别的书籍很少看到，市面上比较常见的畅销书总和成功学、经济管理有关，哲学思想的偶尔见到一些好书，但艺术门类的很少出现在畅销书的行列。读《清思集》，有时候我也在想，我们常将艺术和人生摆在一起思考，人人都想有一个诗意的"艺术人生"，谁知这二者的关系并没有想象中那么亲近。

文中提及木心，让我想起他说过的话"文集是一栋房子，序言是扇门"，我一边看婉京的访谈文章，一边想如何才能打开这道夹在艺术与人之间的门。陈丹青在此书收录的对谈中提及读者与木心之间的鸿沟，我认为这是由时代造成，同时也是交流造成的。人与人，正是因为产生了想了解彼此的欲望，才有了进一步的交流。

现当代艺术部分，提到了荒木经惟、李禹焕等日韩知名的国际艺术家，访谈中收入了希客、小汉斯等国际策展人的中文采访。

这些人在很早以前已经蜚声海外，他们是欧美重要博物馆的常客，可放在中国就相对不那么知名。我对当代艺术了解不多，只是喜欢逛博物馆，尚能够感受到这种艺术普及教育上存在的"时差"，"时差"作用下造成了"鸿沟"。

对于此类"鸿沟"，交流将成为核心的解决办法。文化向来没有优劣、高低、好坏之分，在面对文化输出、冲击和碰撞的时候，怀揣一颗包容的心更显得重要。将西方文化引入的同时，不断反思中国传统文化与之相呼应的地方，寻找独特性的一面。

《清思集》有一个有趣的出发点，在于它呈现"矛盾"的方式。东方与西方美学、古代与现代艺术、艺术品的商业价值与历史价值，这类对比鲜活地交错，透过收藏一事指出藏家的心态与目的。每个时代免不了有一些投机分子，但真正嗜古好古的人数量绝不会因为投机行为而减少。其次，伴随着"矛盾"而来的还有作者的笔下用意，她没有刻意吹嘘、迎合某个人或事情，反而将刻画的重点落在解决受访者与其收藏史的关系中。例如，在"明式家具"那一篇写有一段"误将珍宝养家禽"的故事，在"南宋公道杯"一篇讲述文人行酒猜枚的趣味，均展现了对比背后的思考——旧的东西何以更新？过去的事何以为现代人所用？

且看收藏，这是一件私人的事，有的藏品由几代人经手，藏家家中设有暗阁，外人恐怕连见识的机会都没有。所以古时读书人都是喜欢藏些东西的，闲来无事可与挚友分享，久而久之形成一种生活、处世的态度。

当然，收藏离不开"痴"的成分，这有点像小时候分糖果、桃酥，一块要掰成几块，夜深人静之时偷偷拿出来，不舍得吃，闻闻香味，然后放回原处。

这种"痴"是要慢慢汲养、消化而成，直到将手中器物当成自己的亲人，为它着想、为它寻觅新的主人，这一辈子的相处才算画上了句号。把藏品让渡给下任，依我看并非坏事，人短短数十载的生命不比古董字画千百年的经历，相互陪伴就是最好的相守。这也是我推荐《清思集》的原因，如书中写道："收藏是风雅之事，亦讲缘分，聚散有时，强求不得。收藏一时也终有转让的一刻，修炼的是藏家识物知天的心性。"

写在清思之外

周婉京

　　每到为自己写序之时，尤感到中文笔力之不逮，藤角纸上大字还未写几个，困意已爬上眉梢。这本有关艺术的访谈录，如有幸的话，此时应置于你股掌之上。请先恕我斗胆借用了魏诗人阮籍的《清思赋》一名，偏要与怀古共冶一炉，取了个"半洋不土"的书名《清思集》。

　　再饶的恐怕要数文辞中的唠叨。凡事经我一问，由受访人一答，轻者重，缓者急，看似非带出些沧桑感不可。窃以为，因文中多论述古董与现当代艺术的景况、现象、问题，略有沉重的笔触但不是刻意为之，这好比是耋者的哽咽，裹挟着口述的历史，载入了此书的字里行间。我非耋者，也非智者，好在访谈之人多为睿智之士，沾了他们的光，欣欣然犯下这错。

　　《汉书·礼乐志》有言："勿乘青玄，熙事备成。清思眇眇，经纬冥冥。"清思的本意指清雅美好的情思，只不过倘若细数中国文化中的情思，从古董推演到当代艺术，不自觉地被引入胜，直到潜意识里悄然行至"物我两相忘"。常有从事当代艺术的朋友说，古典的东西不敢多看，李唐、范宽的画不敢多看，宋四大家、山谷道人的帖不敢多临。这是一种文艺复兴式的催眠，不到"玩物丧志"的田地，断然不会回头。其间，斯人不舍昼夜地痴痴吟着"钟鼓馔玉不足贵，但愿长醉不愿醒"。

本书未存囊括天下珍奇的雄心壮志，只求通过古今、中西艺术的并置、比对与冲突，讲一些久遭遗忘或鲜为人知的故事。许多对话在香港发生，因为此地是多家国际拍卖行的兵戎相交之地，但同时藏着颇多"隐士"，这群人纷纷于此建立了自家的堂、斋、楼、阁、馆、房。

前不久，我有幸造访大藏家葛师科先生的藏窦，他的藏品着实令人心有戚戚。这天民楼主人按照瓷器的青花、彩釉、单色釉门类在家中设立三个展区，单是存放青花的一区就有近百件器物，小到酒杯，大到米缸，应有尽有。据葛老说，多年前，香港苏富比拍卖行的专家团队特往家中估价，葛老寻思着"也好，正想知道这批东西总共值什么价位"，可是前后估了三次都没能估完。单是桌台上随意摆着的一个明永乐年间的青花瓷碗，就能成为一季拍卖的焦点。这个外行看起来不怎么起眼的小碗，在上世纪七十年代末被其父葛士翘以一百五十万港元购得，要知道当时港岛浅水湾丽景道的大屋仅需十万。有趣的是，数十载过去，房价飙涨，古董在涨，当代艺术品亦涨。不变的是，彼时的一只碗，今朝依旧可置换几套洋房。

价值的问题在评论机制、参照体系颇为混乱的现代社会，一直是个扰人的问题。当预估价、成交价、售价成为左右人们判断的条条框框，艺术品、艺术史自身因为没有花花绿绿的衣袍，显得无足轻重了，甚至难以和商业模式相提并论，被"简而又减"的内容方才是最需要被关注的东西。

魏晋时的一座佛像、唐宋的高古陶瓷，或抽象到一个线条、一抹笔触，足已。面对它们，我这样的"说书人"左右为难，说缅怀太重，说调侃太轻浮，只因一个念头：想把历史的来龙去脉梳理清楚，纵然时间倏尔而过，总有一点儿什么会被记住，而铭刻的方式毋须和金钱直接产生联系，毋须是沉重的话语。叙述到词穷、争论到面红之时，万千烦恼丝又跑出来，它们绝非"清思"，但"清思不清"可视之为得意之处。

清思不轻，重量来自历史之沉淀，亦与受访者的经历、经验有关。书内三分之一聚焦古董收藏，三分之二关乎现当代艺术赏析，将二十多万字的对话材料进行整理，按照五辑罗列开来。在取舍字句时，每一个选择皆代表着一种态度：倡言古法不等于迷恋骸骨，格物致新不拘泥撷拾皮毛。

在这群收藏家、古董商、艺术家、策展人、博物馆总监中，不乏有人从未接受过采访，生活上"嫉俗如仇"，对媒体更是敬而远之。但是见了我，聊起来竟有些亲切，用他们的话说，"我把他们聊舒服了"。依我看，"舒服"在于彼此之间的信任，他们一旦打开话匣子，就能滔滔不绝地讲上几个钟头，任尔静坐一旁，怎也插不上话。

比起访问者，本人更愿意被唤作"拾遗者"：一路寻找，总有前所未闻的藏家轶事、稀世孤品在路上等候。这好比是画圆，越接近完整完美的圆，便愈发觉察到无法真正取得圆满。故事听得多了，非但耳根痒痒，手也痒痒，偏要提笔写点什么不成，所以便有了书尾的评论部分。临门一脚，反而又在"说得与说不得""写得与写不得"之间挣扎。直到文稿整理好了，交与出版社校稿，才松下一口气。回头看看，该说的还是说了，想写的并没少写。

最后，再探"清思"之意，《醒世恒言·徐老仆义愤成家》中有这样一个有趣的说法——"有时或烹瓯茶儿，助他清思；或煖杯酒儿，接他辛苦。"且盼这集子并不难看，烹瓯茶儿时能品，煖杯酒儿时能醉。至于辛不辛苦的，说醉就醉，谁还管得了这么多？

2016年4月18日

于香港西营盘宅

目
录

辑五　变奏曲

辑一　为何纪念

陈丹青："纪念"才刚开始

　　木心（1927—2011）少小离家，中岁去国，暮年回乡，乌镇是他的故里与归处。继东栅财神湾168号"晚晴小筑"（辟为木心故居纪念馆）于二〇一四年开放，木心美术馆历时四年建造，去岁年末终正式开馆，现坐落在西栅元宝湖畔。美术馆由木心的学生、画家陈丹青出任馆长，其建筑由贝聿铭的弟子主持建造。木心先生遗留的画作六百余件，文稿不计其数，美术馆中仅展示出所藏总量的数十分之一。陈丹青在此笔谈中详述了木心其人其事其心。木心的晚年多以转印法作画，小画之中透出一种水乡小镇独有的灵性，直教人生出一种咫尺天涯的感觉。

　　周婉京（下文简称"周"）：木心先生不像贝聿铭，不像陈逸飞，他似乎从未刻意融入某个华人艺术家圈子，也没有建立或巩固起自己的艺术权力。相反，他对世界文学有很深刻、内敛、自省式的了解，但他同时对所谓包容的美国社会却也保持着一种无奈又清醒的距离。你是如何看待木心旅美时的处境？与他的交往在你旅居纽约的过程中扮演着怎样的角色？

　　陈丹青（下文简称"陈"）：是的，木心很清醒，但未必"无奈"，"无奈"的意思是，他试图"有奈"，但他不曾。五六十年代，他要是想在内地发表文学或绘画，完全可以，前提是：改变自己，适应外界，就像当时许多文人艺术家那样。不。他不要这个前提。

怎样看待他旅美的处境，也有前提。绝大部分人的前提是：出国须得"成功""融入"，小焉者如陈逸飞，高明者如贝聿铭，还有许多其他行当的成功人士，这才算得光荣，值得尊敬。我不确定你是否也持同样的价值观。你问我，我便直接地说：我不要这个前提。我在纽约就谈不上成功、融入，我与木心气味相投，恐怕基于此。

木心庄敬自强。他的前半生被压抑、被剥夺，五十六岁后在纽约重续绘画和写作，出书十余册，画作逾数百。八九十年代他在台湾广有读者，他的画也能出售，虽未致富，谈不上受穷。初到纽约的几年固然清贫，后半期，约十五年左右，自食其力，过着不失体面的生活——无数欧美知识分子和艺术家都是这样，此外还应该怎样呢？

非要说成功，木心的暮年收获成功：耶鲁大学美术馆为他举办特展，并巡回芝加哥、夏威夷、纽约亚洲协会等现代美术馆。这是极少数华人艺术家能得到的高规格展览。但我不在意他的"成功"。没有这些，我仍然爱敬他，只因他是木心。

周：你个人是如何着手做木心先生的研究，最早是如何开始的？面对先生小说、散文、诗等不同类型的创作，《文学回忆录》是否可视作读者接触木心、解读木心的方法论（如若不是，你建议以何种方式着手研究）？但这种尝试理解的方法，是否恰恰印证着我们和木心之间的鸿沟？

陈：我从未做过木心研究。他死了，他的读者（多数是年轻人）要我发表当年上他的文学讲习的笔记，我就发表了《文学回忆录》，这不算是研究。此外，我每年为理想国出版社的《木心纪念专号》写一篇回忆木心的文字，也不算研究。我不是学者，只是在回想一位老朋友。

《文学回忆录》扩大了听课的人数。但要了解木心，还得读他的著作。他的文章不好懂，譬如，他常用生僻的字词，别说年轻人，今日六七十岁一代，也就是一九四九年后接受教育的人群也未必识得那些字词。《文学回忆录》是通俗易懂的讲课笔录，据说许多人开始接受他，就因为这本书，他的诗作、散文、小说，读者渐多，还是很有限。

是的，"我们"和木心是有一道鸿沟。有鸿沟，事情才有意思。我就因为看到这条有趣的鸿沟，才与他长年厮混。

周：木心先生的作品很多，每个阶段的创作和言论均能看得出他是有"大才"之人，可是似乎没有找到一个出口（例如一九四九到一九八二年从未正式发表过作品），你怎么看待这个问题？

陈：一辈子创作而一辈子没"出口"的艺术家，很不少。最著名是梵高，他生前从未办过展览。还有卡夫卡。至于中国内地，有大才而没"出口"的人，也不少，有过"出口"，却被批判、遗忘、淹没者，更是多有成例，如沈从文、张爱玲等。我怎么看待呢，我喜欢这类没"出口"的人，假如他果然有才华，有作品。

周：然而，读木心先生的文章，读者丝毫不会被夸张或过度渲染的"局外人"身份引起一声叹息，相反是十分诚恳的个人窥探与剖析，你是如何评价先生作品中对其文化身份的阐述？

木心与陈丹青（左），一九八七年，在纽约　木心美术馆供图

陈："读者丝毫不会被夸张或过度渲染的'局外人'身份引起一声叹息。"恕我眼拙，不能懂得你这长句子。木心的写作倒是"十分诚恳的个人窥探与剖析"，所以我一点也不关心他的"文化身份"。他也从不关心"文化身份"——他是木心，是我熟悉的那个人。

周：木心先生的读者中，有不少"80后""90后"的年轻人。他们很有热情，但同时也会有一个问题——青年人于当下社会中养成的消费习惯会不会使他们将一本书和一个复杂的人当作消费的对象。你是怎么看在商品化社会中木心被"消费"的问题？

陈："消费"是二战后的新词语。如果人们读一本书，看一场电影，都算消费，那么古时候欧洲人读《圣经》，中国人读《论语》，比起今日年轻人读闲书的"热情"，何止百倍，你要说古人是在"消费"，也可以。现在你怕木心这样的雅人被消费了，那就被消费吧。这是个词语的问题，我没意见。

周：在此语境下，我们是否应该提倡以"反纪念式"的形式来停止纪念、缅怀，而对现状做一些切实的改变？如此一来，应如何看待美术馆的历史性与纪念性？

陈：我明白什么叫做"反纪念式"。这也是个词语的问题。但你说的"我们"，是指你，还是指我？或指别的什么人群？

我不会"停止"做木心的事，他生前无闻，留下一大堆作品和事情要去做，对他的"纪念"才刚开始。

目前，中国盖了许多美术馆，那是各地商人、官员，包括文化人做的，各有各的理由。木心美术馆是乌镇家乡子弟出钱出力盖起来的，我和木心根本没想过，也没能力做这等事。可是单单乌镇，就有两个茅盾纪念馆，一是故居，一是有他石造雕像的大纪念馆，您看过吗？

周："我们"一词确有不清楚之处，实际想问的是，除了"纪念"之外，有何重要之事可做？而作为美术馆参观者的我们（受众），除了阅读、参观博物馆以外，是否有参与到"纪念"中来的其他方式？

陈：位于乌镇东栅的"木心故居纪念馆"，目的是为"纪念"。美术馆的功能远多于纪念。除了木心作品的固定陈列，譬如尼采特展、今年的莎士比亚特展等等每年一度的项目，还将审慎、持续地接纳不同的展览，包括活动，如音乐会、颁奖会、学术讲座，等等。我不知道这样做算不算"反纪念"。如果您有更多更有效的建议，欢迎告诉美术馆。

周：茅盾纪念馆，我这次特意去拜访，正如您所言，位于乌镇北栅分水墩的立志书院坐落在茅盾故居东侧。木心先生也曾写《塔下读书处》（初次发表名为：《忆茅盾书屋》），其中先生和茅盾先生相处之时的回忆描写也是亦真亦假，很动人，如果让您谈谈木心先生、茅盾先生所代表的"乌镇读书人"，不知您会作何感想？

陈：我的感想是：为什么茅盾、木心，都出在乌镇？还有，如今中国的乡镇，再也不会出现这样的文学人物和艺术家。有才能有抱负的人走了，像当年的茅盾和木心那样，但他们真的出生于乌镇，濡染江南的文脉。漫长的古代，中国的文脉大致从下往上流，如今这种流向中止了，消失了，你得在大城市才能找到重要的文人和艺术家。陈向宏做这些事，就是要让文脉回流，至少，一个本乡青年不必非得去大都市，就能在乌镇看到一流的国际性戏剧、像样的美术馆、图书馆。您同意吗：一个小镇，有这些，没这些，大不一样。

周：确实不一样。再看乌镇水乡的灵气，如何结合在木心的人生和创作中？

陈：不知道，这得问他。南人北人，无论做什么，都会有差别，你只要看看北欧人南欧人的画，即可了然。在中国，北人，或者中南人西南人画画，风神也多差异。

周：木心美术馆建立的初衷是怎样的，是由木心先生的话——"风啊，水啊，一顶桥"延伸而来？木心先生本人对美术馆的蓝图与发展有怎样的看法？

陈：前面已经说了，盖美术馆是乌镇家乡的计划，木心在临终的虚弱谵妄时，看了设计图，说了这么几句。他当时几乎失去意识，不清楚这就是美术馆。他清醒时，对设计师只有一个要求：将他的小画通过影像放大。此外没有任何要求。

周：木心画作以小幅居多吗？偏爱作小幅吗？展馆里引木心文字说"因为一生碰壁，不作大壁画"（大意），请谈谈木心作小幅画的原因。

陈：木心画作分三类：彩墨画（现存约三十余幅。篇幅并不小，有三幅竖构图，每幅三米多高）、抽象石版画（约两百多幅，篇幅不大不小）、转印画（这才是小篇幅，很小，数量近三百幅）。

木心画作《渔村》 木心美术馆供图

他最早创作转印画是在"文革"末期，尚被监管，躲在家里弄，篇幅大，不便隐藏。晚年他又回到转印画，还是很小，因为已成一种尺幅上的美学，放大尺寸，就失去了咫尺天涯的效果。前两种大致画于纽约，没有尺寸的限制和顾虑，所以比较大。

周：小幅画作在录像和宣传海报，以至画集里常常放大很多倍欣赏，有没有破坏了原味呢？

陈：不但画集放大，在美术馆放映厅还制作了九米长的放映墙，放大数十倍——所有美术史的作品都在画册中放大（或缩小），也被放映或广告放大数十倍。原作呈现"原味"，画册印制和放映，是传播的需要，呈现另一种效果。在乎"原味"的观众，应去美术馆看原作。

周：小幅画似乎特别富有思想哲理，这个看法对不对？

陈：我个人的领会，这些画并没有哲思，而是神秘的意象和游戏感，木心先生不主张在绘画中表达所谓哲思。问题是，他本人富有哲思，一个有哲思的人画画，和一位通常的画家画画，是不一样的。但您若是在小幅画中看到哲思，也很有趣，那是您的目光和领会。

周：乌镇近年有意无意地往文化地标的方向转变，先后有了乌镇国际戏剧节，以及刚刚揭幕的乌镇国际当代艺术邀请展，官方说辞是希望形成文化力量，反作用于旅游业。将美术馆建在"今非昔比"的乌镇，您是如何看待美术馆的处境？

陈：乌镇领导说的话，很朴实：为什么你们城里人才能看戏？为什么你们城里人才有美术馆？是啊，您将怎样回答这样的追问？

周：我会问，那么乌镇的戏剧和美术馆又和城里的有怎样的不同？就我个人造访所得，乌镇人的质朴性子予人深刻印象，原本想问"那样的戏剧、艺术及文学作品，乌镇老乡是否看得明白"，却觉得没有问这个问题的必要性了，这又是因为乌镇人的质朴中带有对这些事物的好奇与尊重。你同意我的看法吗？

陈：最显著的不同，是剧院和美术馆就在乌镇——如果你去欧洲，会发现许多重要的文化艺术场所就在乡镇，很多一流的活动在那里发生，一流的人物去到那里——倘若您好奇乌镇乡民是否"懂"，那是因为六十多年来，他们失去了"懂"的机会。

给你说个故事：上世纪四十年代，热爱音乐的少年木心特意到嘉兴聆听一位留洋回来的女士弹奏贝多芬《月光奏鸣曲》，结果听不懂，很苦恼。但没有那次聆听，他的"不懂"将延迟更久——后来的木心，不但会弹琴，对音乐多有所论述，而且作曲，在他遗稿中发现了四十多页曲谱。

今年二月十四日木心生日，我们请来五位音乐家在美术馆图书厅演奏巴赫、莫扎特、勃拉姆斯，有钢琴、大提琴、黑管，还有独唱，全体美术馆馆员（都是"九〇后"的本乡男女青年）个个都是头一回现场聆听西洋音乐演奏。他们比少年木心幸运多了。他们懂吗？我不关心，重要的是他们在场，全神贯注地听，度过了难忘的一夜。

周：不过，我又在想，每年如此之多的文化内容在乌镇上演，会不会在彼此之间有排斥的地方？

陈：乌镇模式，乌镇目前的文化影响，确实是暂时难以解读的新事物。但我一点不以为"如此之多的内容"在"乌镇上演"。你去欧洲的小镇看看，一年到头，几乎每周都有各种文艺演出，有些非常高端。意大利小山城圣吉米亚诺，有几家美国人办的顶级当代艺术家画廊，而这些小山镇每年有大量话剧或音乐演出。我在另一座深山里的意大利小镇看了俄国契诃夫的话剧《万尼亚舅舅》。

乌镇戏剧节一年一届，只有九天左右，目前的国际当代艺术邀请展展期是三个月，至少每两年才举办一次。美术馆比较忙，全年开放。这三组设施的活动，彼此错开。我希望春夏秋冬的闲日子，有更多文艺在这里"上演"，各地各国的游客，每年六七百万，除了逛街、划船、吃喝，还能干什么？

你好像很为乌镇担忧，谢谢！如果有"排斥"，我向您汇报，请您想办法。

周：木心美术馆在乌镇风景区，必须买景区门票才能进馆观赏，会不会考虑有入馆的独立通道，让更多人更方便进馆？

陈：乌镇早就考虑过，但实施起来，很难处理。您如何保证并确认只为美术馆而来的观众，看了美术馆，立即离开乌镇西栅而绝不游览景区？如果这类观众花十五元进西栅，如何对成千上万付费一百五十元门票的游客交代？您要是有更好、更有效、更能把控的办法，欢迎提供方案！

周：现在除了画家、作家，您身上多了一个美术馆馆长的身份，如何看待运营美术馆这件事？在旅居美国期间，你曾说自己留恋此地的最大原因有可能就是因为博物馆，参观博物馆的经验如何影响如今的运营（有着怎样的借鉴价值）？

陈：我做馆长，是乌镇领导和木心本人郑重请我，不然我不会出任任何职务。弄个美术馆，管理美术馆，很难，很烦，我毫无经验，眼下受人重托，勉力为之。此外，我平时几乎不参观国内的美术馆。

周：目前的馆藏木心先生绘画六百多件、文学手稿数千份是如何整理的？您曾在二〇〇七年提出"现在的中国美术馆只能算是陈列场"，将近十年过去，时下你是如何看待美术馆现状的，如何才能更好地利用馆藏来发展木心美术馆？

陈：木心的大量遗稿、遗事，只有一件一件去做，慢慢来。国内美术馆，前面说了，我几乎不了解。略有耳闻的若干美术馆还是做了不少事，也还做得蛮认真。中国出现这么多美术馆，不过是十来年内的事，也得慢慢来。

周：另外一点值得注意的是，美术馆所针对的受众，受众的阅读、参观、欣赏习惯和能力都将影响到美术馆的规划。你认为现时中国普遍的美术馆运营状况是怎样的？具体到木心美术馆，会不会也将面对同样的问题？

陈：在中国，成熟的美术馆，成熟的受众，暂时还没出现。木心美术馆开馆至今，不到四个月，观众两三万人，大部分想必是进来逛逛。人家完全可以到饭馆澡堂赌场去玩，肯进美术馆，就不错。我的要求很低很低。

周：绘画和写作对木心先生而言应是同样重要的两条线索，木心美术馆近来陆续推出"林风眠与木心""尼采与木心"展览，是否也有意经由文学、绘画两方面来策划展览？但若如是，徘徊在文学、绘画中间的地带（或两者交叉的地带）是否会被忽视？

陈：被忽视就被忽视。木心被忽视了一辈子。我弄这些特展，没想那么多。木心的老师是林风眠，木心叨念一辈子尼采，我就办了展览。大部分观众也会忽视，那就忽视吧，没关系的。

周：最后，想问问你的创作近况，在开始担任美术馆馆长后，发生了怎样的变化？从个人的角度出发，木心美术馆对您意味着什么？

陈：美术馆事务对我意味着什么？很简单，就是我的晚年生活会比较忙，比较烦。但还是会画画，写稿子。

周：最后，木心如何对待手稿呢？馆中所见，连"文革"检讨的片言只语，都保留了下来。可是，木心又说看着自己的手稿烧火取暖时，快乐大笑。

陈：木心保留了部分出国前的手稿，包括"文革"中的检查交代（随便哪个写作者多少都会保留手稿），纽约时期的数千手稿也大致留着，但从未整理过。据侍护人小代回忆，他果真有过一两次烧稿，就在晚晴小筑二楼的壁炉中烧，是否大笑，我不知，但他很快乐，他早对我说：废稿必须毁掉。他常像小孩子一样，喜欢模仿大作家的行为，譬如，烧稿子（据我所知，果戈里烧过整本小说稿，卡夫卡临终关照朋友焚稿，林黛玉焚稿则是著名的美谈），看来木心真的做了，可惜我不在场。

（此对谈以笔谈形式在二〇一六年二月至四月进行）
原刊于《明报月刊》2016年5月刊

木心美术馆外景　木心美术馆供图

何安达：吉金旧藏　见微知著

"国之大事在祀与戎。"商周时期，各方诸侯与王朝并立而存，礼教开始成为统治阶级用来管理领地和子民的重要手段。青铜器的发展随之也进入繁盛，器皿逐渐成为可明显区分个人及家族身份的标志，那时的人们将生活、信仰、传说、历史铸成繁缛的纹饰，等待今日的人们能从青铜文化中"见微知著"，读出些许已沉睡千年的故事，或是像奉文堂、思源堂主人这般以收藏的方式来赋予器物新的生命。

收藏家、古董商陈淑贞（Susan Chen）在移居香港之初曾加入东方陶瓷学会，并以第一位女性收藏家的身份成为第一届求知雅集的会员。二〇一四年十二月，陈淑贞因病在养和医院去世，倾其一生创办的奉文堂藏品交由其夫何安达（Anthony Hardy）打理，陆续在香港佳士得、中国嘉德拍卖行上拍。

古以祭祀为吉礼，故称铜铸之祭器为"吉金"。二〇一五年十月秋拍，中国嘉德（香港）由此推出"见微知著——奉文堂吉金"专场，涵盖了上自二里岗、商周下至汉唐的青铜器、金银器共计八十余件奉文堂旧藏。部分拍品早在一九九〇年曾参与由香港市政局、香港东方陶瓷学会联合举办的"青铜聚英——中国古代与鄂尔多斯青铜器"展览。

据何安达回忆，陈淑贞从事青铜器收藏逾三十年，只要是对她来说有价值的藏品都会收集，从器物体型来看，多以小型物件为主。"陈淑贞接触青铜器的时候主要是出于古董商生意的需要，像她这样美丽的女子自然会喜欢美丽的事物。陈淑贞又是个很有能力的人，在三十年内将个人收藏做起来，包罗诸多方面，很难想象她当年还在台北生活的时候，起步阶段只有不到二十件藏品。"

何安达亦说，稳健、谨慎是奉文堂藏品不断建立的一个基础。从奉文堂青铜器藏品的独特性即可看出这一特点，奉文堂所藏带着的年代跨越春秋至东汉，除展现出清晰的收藏脉络，藏品的材质和造型各不相同。

其中，有一件春秋时期的银质鎏金镶玉夔龙纹带钩，长二十二厘米。钩短作吻龙首形，有隆鼻、蹙眉、凸目、龙首回钩之特点；三枚方形玉石嵌于钩体中央，玉石温润呈淡绿色；钩身两侧满饰高浮雕几何夔龙纹环抱玉石，左右对称；中部第二、三块玉石间饰兽面饕餮纹，卷鼻扇耳、琉璃为睛；钩尾复琢几何夔龙纹交缠相绕。钩背平素可见银胎，圆钮柱置于腹中央，令人不禁感叹整器造型之流畅，纹饰之厚重古拙。

带钩虽小，佩钩却是件大事。《淮南子》载："满堂之座，视钩各异，于环、带一也。"这里讲的是，放眼看去，宾客满堂的腰间环带上，都露出形形色色的奢华钩饰。而正是在这个"视钩各异"间，人们的身份、地位都表露无遗。在十分讲究礼仪等级、非礼勿视的中国古代，小小带钩充当着佩戴者的"名片"。

"用这些器物的一般都是皇室、贵族，很多是祭祀用品，使人获取与天之间的沟通。我在进行个人收藏的时候，常常想到自己就是使用这种器物的人，那我的家中岂不是也应该有随从万千？"说到这，坐在木藤椅上的何安达爽朗地笑起来。

何安达的藏窦名曰"思源堂"，专攻青铜器收藏，并以体型较大的重器为主。于是，常有人问起他和陈淑贞是如何以行家的身份来看待对方藏品，询问他们作为"伉俪收藏"的心得。对此，何安达的回答反而令人出乎意外，他说两人的收藏相对独立，留给彼此许多空间。陈淑贞收藏过一些他未入手的东西，例如镶嵌技术精细的雕刻品。几年前，思源堂在新加坡举办收藏展时，展览除有青铜重器，在间隙之中也摆了些较为女性化的小物件，那便是奉文堂的藏品。

因为青铜器材料的罕有珍贵，青铜器主要是供富人阶层铸造使用。在艺术市场上，青铜器越精致越罕有，它的价值就越高。所以除了象征权力，青铜器更以精良的铸造技艺为世人所称道。

至于收藏青铜器的标准，何安达确立了一套"4P"原则，"4P"包括：铜绿或皮壳（Patination），铭文（Pictogram），铸造技艺（Precision）及收藏历史（Provenance）。被问起几项标准的重要性排序，何安达笑称："能称得上是上乘藏品，就应该同时包含这四条元素，少一条就不能算作顶级。"

如果真的要选出最重要的那个，何安达认为应是铸造技艺，工艺的一路演进也表现在青铜器花纹的创造上。夏代青铜器花纹简单；商代的花纹华丽繁复；西周大致与商相同，但更趋向素朴；春秋战国的花纹则清新活泼，富于生活气息；秦汉重实用，花纹少且不及前代精细。他以安阳青铜器为例解释道："商朝是一个非常混沌而神秘的时代。在辨别的时候，对花纹必须仔细看，像是饕餮纹、弦纹的工艺难度高，这花纹可不是刻上去的，而是反复铸出来的！"

二〇一〇年九月，纽约佳士得在亚洲艺术周期间推出"思源堂中国古代青铜器珍藏"专场拍卖，呈现何安达藏有的青铜器共一百二十二件，估值逾一千五百万美元。何安达称自己的藏品多数是在那时卖出的。

当时，一件商末安阳的连盖方彝以三百三十三万美元拍出，器身与盖饰以饕餮纹，其眉眼鼻爪和兽角皆为凸雕而成，背景布满雷纹。实际上，何安达对青铜器着迷恰恰是因为安阳青铜器："无论从铸造技术、礼仪作用还是神秘的象征意义上来看，安阳青铜器都算是一个'总结'，承接了二里岗到公元前一千四百年间的青铜器美学，也对后世产生至深影响。"

陈淑贞认同何安达的"4P"标准，一旦遇上两人皆中意的藏品，有时他们也会比拼"口袋深度"。因妻子身兼收藏家与古董商身份，何安达说，陈淑贞早将对藏品的爱融入与人打交道的过程。"客人都是她的朋友，从全世界都会有朋友飞过来找她，她呢，约人家吃饭，两小时过去了还在讲某件古董背后的历史故事，所有人都说——'Susan根本没想过卖东西'。"

如果说有一件藏品是陈淑贞特别喜欢的，那么非春秋青铜大型螭虎纹挂钩莫属。螭虎高四十厘米，整体造型呈"S"形，伏身贴挂于侧壁上两前足伏于颈两侧，后足蹬于壁上；后背部自脑后至尾间有一突脊，高挺蜿曲，灵动有力；突脊两侧皆阴刻紧密的鳞片纹，虎尾粗状卷曲若钩，用于悬挂编钟。此件艺术品亦反映了编钟悬挂方式，下层钟最常见的是换挂式，挂钩多为爬虎套环和双杆套环两种。

整件作品雄健灵动，蓄势待发，细节处凸显的肌肉充满力量感和张力。从模具设计到范铸技术，再到合金配制，过程中的每一步皆体现着当时堪称"世界先进"的铸造技术。何安达依靠鉴赏经验推断，这件螭虎挂钩很可能来自中国南部。

除了年代跨度大、类别齐全，奉文堂青铜器藏品涉及青铜铸造、错金银、镶嵌、鎏金、铬银、錾刻等多种金属加工工艺。再如，汉代青铜烙银瑞兽纹杯杯身烙银，错红铜瑞兽为纹，器表平整细腻，金光依旧灿然；唐代银壳孔雀海兽葡萄镜纹路层次清晰，飞鸟、粉蝶飞舞其间，葡萄果实藤蔓交错穿插；而战国至西汉的金质螭龙纹嵌琉璃阳燧，兽纹的眼睛均镶嵌琉璃为饰，又是存世罕见的纯金质阳燧。

何安达自上世纪六十年代初开始在香港生活，想不到一住就将近半世纪，其间竟因热爱中国艺术品而结缘后来成为他妻子的陈淑贞。他第一次遇到"Susan Chen"（陈淑贞），不是见到而是"听到"，他说自己先遇到的是电话另一头传来的温柔声音。一次到纽约出差，他看中一件艺术品，向画廊询价之后，负责人让他等回话，谁料一等就是一年半。"当Susan打电话给我的时候，时隔久远，我已经完全记不起那件艺术品的模样了。原来，她回到香港后把我的名片塞在家中某个角落，连她自己都不记得了，所以才会杳无音讯。"

奉文堂、思源堂主人之间的感情浓缩在方方面面，体现在大事小情上，某种程度上契合了奉文堂吉金拍卖专场的命题——"见微知著"，既有"见微以知萌，见端以知末"之意，又显以小见大之思。何安达在访谈中多次陷入思考，好像一时间有许多画面在他脑中浮现，他谈及妻子并不会过于伤心，恰恰相反，他很高兴，亦感觉每天都能和她"对话"。"遇到棘手的事情，我会问她这件事该怎么做，然后真的会有想法在脑中涌现。两个亲密的人，就算分开之后，感情上还会有连续性，她走后的这段时间，我也在学习，试着独自处理文件、帮她打理藏品等等。"

与新晋藏家相比，何安达说时代的不同令大环境变迁，如今的藏家缺少了他那一代人的热忱："最大的不同在于，我是先爱上藏品才决定购买，现在许多人都是为了交易才交易。他们把眼光投向中国古董，实际上随时等待再交易的机会，这样做怎么可能享受到收藏之乐？"

说到底，藏家拥有藏品，藏品陪伴藏家，没有一种陪伴可以是永恒存在的。如果青铜器亦有心，它应从殷商一路看来，路上有人便有情，见证的确实是人类进入文明社会的前因后果。

原刊于《大公报》收藏版"汲宝斋"

2015年9月23日，B27文化版

"见微知著——奉文堂吉金"之部分青铜器收藏
中国嘉德（香港）国际拍卖有限公司供图

春秋，公元前八世纪至公元前五世纪青铜螭虎
中国嘉德（香港）国际拍卖有限公司供图

黑国强：香江藏木　古朴幽香

　　家具，广义的解释乃家用器具，狭义的意思为起居用具。中国古代家具经历了几千年的漫长发展，与人们生活息息相关。古代家具按时间划分的远古、中古、明清三类，其中明清家具以其雅韵、品格最受文人墨客追捧，黄花梨、紫檀等材质更是配合家具的造型、纹饰，见证了家具由器具发展成艺术品的历程，成为纵使一掷千金也无处可寻的梦中瑰宝。

　　"我父亲一九四九年就来香港做家具生意了，当时有一群内地的同行（古董业）南下来港，北京、天津、上海、南京、苏州都有，他们上岸的地方正是尖沙咀码头这里。父亲来的时候只是想着解放初期生意难做，来香港挣点钱就回北京去，可没想到一晃六十多年过去，倒是将古董家具在香港经营出一片天地。"典亚艺博联席主席、黑式古玩业第二代"掌舵人"黑国强说。

　　黑国强口中的父亲，即是香港知名的古玩收藏家黑洪禄（人称"老黑"）。自解放初期开始，黑洪禄即是汉口道"北京帮"收藏界的领军人物。所谓的"北京帮"，指的便是来自北京的古玩商或古玩业者，主要经营玉器、翡翠及珠宝，当时与"北京帮"齐名的还有做非官窑类古董的"广东帮"，及做海员与水兵生意的"福建帮"等。

　　在黑家两代人经营的古玩收藏中，古董家具始终是父子二人的

"情意结"之所在。若将瓷器、玉器、杂项连同家具统计在内，黑国强估计古董收藏大致有二万至三万件。

黑国强称其父"老黑"是"一路收一路藏"的，他小时候见父亲去北京"进货"，收来的一百件家具中至少有十五至二十件父亲是不会卖的，所谓"私藏"便是如此慢慢累积下来的。

回忆起童年，黑国强笑称自己"依木而生却不喜木"："虽然小时候是枕着、用着古代家具长大的，但我不喜欢这些家具，小孩子喜欢跑跑闹闹，经常会磕碰到家具。但我长大后才逐渐发觉，这些家具在家中一搁就是几十年，质地还很完好，古代家具耐用的原因究竟出自何处呢？说到底这些家具才是'真材实料'。"

一九八七年，黑国强开始跟着黑洪禄学习家具经营，洗笔筒、洗盒子，为家具打磨、上蜡的小差小事做得不少，个人收藏却未起步。直到九十年代中期，黑国强方才将父亲"先收藏后经营"的理念付诸行动，他于一九九六年北上河北购得其第一件藏品——一件明中期紫檀整雕如意云纹枕头。

"像这样的紫檀小件，一般清代最多，但我推断这件藏品年头更早，可以到明嘉靖或明万历年。这是我独立以后，自己看、自己买、自己拿主意的第一件收藏，所以对我十分重要。"谈及至爱的紫檀枕头，黑国强不禁喜形于色。

他续言："当时收紫檀枕的时候不到十万人民币，此刻回想起来，觉得二十多岁的自己真是勇气可嘉。其实，收藏就要上手去摸，见识、体验得多了才会有'鉴与赏'的经验。另外，现在流行将老的家具讲成'宫廷的东西'，但家具不像陶瓷，它没有款识（除漆家具、漆文房外），要通过纹饰、做工及材质不断推理、论证东西的好坏（真假），鉴定起来的难度也可想而知。"

除紫檀外，黑国强及父亲"老黑"的明清硬木家具收藏，将焦点摆在黄花梨身上，"老黑"最为钟情的一堂四出头官帽椅便是其中代表，黄花梨做官帽椅，色泽不静不喧，纹理或隐或现，简洁流畅的外形之中自成一方美态。

在黑国强眼中，品相上乘的黄花梨家具因其所独具的时代审美特色、出色的工匠手艺而展现出万千变化，他说："黄花梨从产生到没落的时间很短，约摸一百五十年到二百年左右，从黄花梨的盛行就能了解那时人们在审美上的转变。另一方面，黄花梨的纹路较紫檀而言，呈现出的视觉效果更强，在光线下，紫檀颜色深沉，而黄花梨却能随光线衍生多种变化。"

至于收藏界十分关注的古董家具改制问题，黑国强则提出改制会对家具本身带来"潜在伤害"。黑国强说，因为传统中国家具最讲究比例的协调，高一分、矮一毫都决定了线条和结构的走向，家具的味道自然也大有不同。许多单纯迎合时代风尚的改制，增添不少花哨细节，却令原本落落大方的家具变得"不伦不类"。

从跟随父亲学古代家具鉴定、修复之术到创立研木得益古董艺廊，黑国强坦言在此期间曾亲身目睹过不少让人啼笑皆非的事，他以一个花鸟顶箱柜的故事，向笔者解释道："九几年的时候，我经手卖过父亲一对大的黄花梨黑漆描花鸟顶箱柜，它很大，所以一直放在仓库，卖掉后才拿出来看，因为要整修、清洗。开始看的时候很正常，但后来我在工厂做清洗的时候才发现有些不妥，柜子里面不断往外掉稻草、谷壳，味道很臭。我用手一摸，发现里面有厚厚一层东西，误以为这是漆料，后来才发现那是鸡屎。"

说到此处，黑国强微倚着身边的木质家具，感叹道："柜子以前流落农村的时候，被人误用来养鸡，你说多可笑。像这样把好东西拿去当切菜板、劈柴烧的例子数不胜数。所以说，好的家具理应找到好的买家，这才是收藏的意义。"

二〇一四年八月，纵横西方亚洲艺术古董界半世纪的收藏家安思远（Robert Hatfield Ellsworth）骤然辞世，引发海内外收藏界声声叹息之时，亦有人称安思远的逝世象征着西方收藏中国古董风华时代的完结。

安思远生前曾为黑国强的"教父"，据黑国强描述，他第一次来访安思远在曼哈顿第五大道的公寓时，电梯一打开，占地三千平方米的一层楼，共有二十多个连通起来的房间，映入眼帘的全是来自各国的珍奇异宝：墙上挂的是文征明的书法条幅、齐白石的李铁拐炼丹图、傅抱石的山水、石鲁的寒梅，几案上摆着商周的青铜器、唐代的金银器，多宝槅中搁着的是南宋龙泉窑青瓷和明清单色釉官窑，一旁的明代书桌上随意放了十几件古玉……

"安思远是个全能收藏家，他十九岁已经开始用行走来获取知识，如果说他的成绩是他跑出来的，一点不假，这也是我父亲那一辈收藏家的普遍经历。另外，教父（安思远）眼光独到，他知道在上世纪六七十年代的中国家具难以与书画、陶瓷比价，但同时他又深谙西方对家具工艺的推崇，于是他敏锐地抓住这一文化差异，有意识地收藏、研究明清硬木家具。"黑国强忆道。

先后于一九七一年、一九九八年出版的《中国家具——明代与清早期的硬木实例》及《样式的精华——明末清初中国家具》便可佐证安思远的"惜木之心"，他在两本书中详细叙述了自己对明清硬木家具的理解，并提出中国古董家具简约的造型、完美的线条皆含蓄地体现出东方哲学辨思。书中有关明清家具制作工艺及卯榫结构的图释，更结合安思远对中国各地文化、交通的笔录注解，令读者耳目一新，也使安思远"明朝之王"的收藏界美誉不胫而走。

谈及安思远对自己的影响，黑国强指出除向教父学习"优雅收藏之道"外，更重要的是，他从安思远身上理解到藏家对社会应尽的责任。

自一九九二年起，黑国强协助安思远成立并管理"中国文物艺术修复基金"香港区事务，后在二○○六年着手策展首届香港国际古玩及艺术博览会（于二○一三年更名为典亚艺博），黑国强说当时只有一个念头——在香港创办一个国际化的古董博览平台。悠悠十余载过去，博览会的参展商数目由首届的十七个增至上百个，如今展出的艺术品也再不局限于古董（及古代家具），当代艺术亦囊括其中。

相较父亲黑洪禄、教父安思远等老一辈藏家，黑国强坦言"站在巨人肩膀上"令他望得更远，但"求变"也是他经营古玩的另一要领，他认为只有推陈出新方可通今博古。这算得上是"小黑"向"老黑"交出的答卷，也是他们"北京帮"古董人对香港收藏界的一个交代——此心安处，便是吾乡。

原刊于《大公报》收藏版"汲宝斋"

2015年1月21日，B18文化版

十六世纪，明黄花梨折叠椅，64x41x104厘米　研木得益供图

十七世纪，清黄花梨玫瑰椅一对，60x46x82厘米　研木得益供图

仇国仕：持鸡缸杯　捧长颈瓶

作为建国后南下香港的第一代收藏家，作为蜚声国际的"藏瓷大王"，仇焱之，这个名字早已成为近现代中国明清瓷器鉴定、收藏的一个记号。坊间有关仇焱之的奇闻轶事，无一不提仇氏所藏之丰。"时至今日，祖父的旧藏仍是苏富比专题拍卖的亮点。"仇焱之之孙、苏富比亚洲区副主席兼中国艺术部国际主管仇国仕（Nicolas Chow）说。由一件清雍正天蓝釉弦纹长颈瓶说起，也许才能窥见仇国仕眼中老祖父的真实模样。

仇焱之（1908—1980）毕生藏品总数超过八千件，他本人将收藏之趣描述为："吾所从事，世间至上，作息生活于菁华雅器之间，亦无上级，只对吾自身负责。"等到上世纪六十年代，仇氏举家迁至瑞士后，仇国仕称他与哥哥（Olivier Chow）也是在日内瓦家中"满目古瓷"的环境下，度过童年。

"如今看来我好像是在追随我祖父的脚步，承继了他的衣钵，研究明清陶瓷，不时也会拍卖他的藏品，但我当时打算进入苏富比时，没想那么多。"仇国仕在瑞士长大，本科读的是中国历史，正是通过对中国历史的学习，他开始对中国艺术产生兴趣。

一九九九年，仇国仕加入苏富比，在随后的两三年中得到拍卖行内专攻明清陶瓷鉴定、交易的朱汤生（Julian Thompson）赏识，用仇国仕自己的话说："由此开始才算入了门。"

仇国仕回忆道，刚刚加入公司之时，公司规模比现在小很多，苏富比亚洲区的收益只占全球市场的百分之三至四。就中国瓷器及工艺品部门而言，主要买家来自欧洲和美国，小部分来自香港，当时的收藏趋势更偏重瓷器。"不过当时的买家大多是真心热爱艺术品，不像现在多了许多'炒家'，市场扩阔了，市场也变了。"

要谈中国艺术品市场改变的契机，不得不先提仇国什祖父仇焱之的收藏。一九八○年开始，伦敦苏富比春拍与秋拍分别卖出仇焱之藏品一百七十五件，一九八一、一九八四年又先后拍卖仇氏收藏的古玩。当时的拍卖被分为明清收藏（两部分）及明前文物（一部分），预展消息刚刚发布，国际藏家便争相前往。香港藏家区百龄、望族赵从衍便曾为一件仇氏旧藏的哥窑花式洗展开激烈竞投。

"算是自祖父旧藏面世那一刻起，全球拍卖品市场掀起一次次'中国热'（指中国艺术品在国际市场上的拍卖热潮）。而我很有幸，不仅见证，还参与其中。"语毕，仇国仕又望向台面上的天蓝釉长颈瓶。在其童年印象中，祖父仇焱之常从身边的古董藏家身上学习瓷器的鉴别、断代之道，这些藏家中就有几位是祖父的"至亲好友"，如：法国古董商兼史学家Michel Beurdeley、张宗宪、Jacob Emil Melchior及Barbara Hutton。

仇氏家中一有客人必要茗茶，用上私藏珍器，斟上一杯好茶，仇焱之的这个习惯，在全家由上海迁至香港、瑞士后依旧如故。茗茶完毕，仇焱之才会拿出藏品与客分享，藏品也分两类：一是与真正收藏家分享，二是供猎奇者观看。"Michel Beurdeley是家中常客，亦是祖父最愿意分享珍玩的人。"仇国仕说。于是，Beurdeley也有幸成为在仇氏家中见过明成化斗彩鸡缸杯的人。

鸡缸杯现知存世十四件，相传仇焱之就曾拥有四件。仇氏一生仅售出两件，其一归于英国贝克街Leopold Dreyfus夫人，另一件，则被上海藏家刘益谦于二○一四年香港苏富比（以二亿八千一百万港元）竞得。

鸡缸杯以彩釉相拼，釉下青花勾勒，兼饰釉上色彩，发色灵动淡雅，据赵汝珍所著《古玩指南》记载："明成化斗彩鸡缸杯，现存仅三只。"能存世的成化斗彩瓷器，基本上为官窑御制，在明代已是"每对至博银百金"。而如此一亘古重宝，仇焱之上世纪五十年代竟用不过一千港元购得。甫买入时，仇焱之受尽非议，众人皆说这是造假、仿古的。仇焱之却不为所动，始终相信自己的眼力。直到一九八○年香港苏富比拍卖会，这只鸡缸杯以五百二十八万港元拍出，世人才明白仇焱之"捡漏"了。

"一九八○年祖父过身后，他收藏的瓷器陆续在伦敦、香港苏富比拍卖，拍卖会为藏品寻找新主人。其中精品层出不穷，包括明成化鸡缸杯、宣德款釉里红三鱼纹高足杯，还有二○一五年四月春拍的这件清雍正天蓝釉弦纹长颈盘口瓶。"仇国仕说罢，转身走向桌边的木质高台，捧来摆在台上的清雍正天蓝釉弦纹长颈瓶。

长颈、丰肩，腹下渐收，圈足内凹不露胎；瓶身通体施天蓝釉，口沿白釉。内行人一看，便知这只弦纹长颈瓶实乃雍正单色瓷的典型。

仇国仕拿起瓶子，微微托起瓶底，展示内施白釉的圈足，及以青花楷书端正题写的"大清雍正年制"款。他说："几年前，我在一位朋友家中'偶遇'了它。这位藏家朋友待它周到仔细，令它品相完好如新。从它轻巧俊秀的瓶形到釉色纯净的质地，都令人误以为这是'昨日才烧制'出来的。"

更巧的是，询问之下，仇国仕方知此瓶的原主人即为自己祖父仇焱之，觉得和这瓶子有缘。仇国仕手持瓶身的技巧娴熟，旋转时不疾不徐。直到笔者再问起雍正单色釉瓷器的鉴定方法时，他才放下手中之宝。

"雍正在他短短十三年的王朝中，力推官窑瓷器的生产。如今存世可见的每件器皿皆构思独特，兼得厚重古拙与轻盈秀丽的美感。你若问我如何鉴别，这是靠日积月累的经验来养成的，但简单的几个鉴赏要点我倒是可以透露给你。"

实际上，因明清瓷器与现代仿品在烧制步骤、拉坯定型、窑色手法上皆有明显差异，新仿之作即使可以"学"到原作九成，还有一成的真功夫是怎样都无法仿效的，于是便会露出马脚。民间俗谚亦有"十窑九废"一说，指的就是古代烧造瓷器在各环节所需的复杂、精准施作。

仇国仕称，他每拿到一件明清瓷器，第一步总会先看体型、釉色，第二步则会拿起瓷器来试试轻重，接着触摸器皿表面（分辨材质颗粒的大小），最后细看圈足、内釉与款识。"雍正时期天蓝釉有深浅两种，深者如雨后晴空，浅者则如月白。此瓶为前者，你摸它的表面可以感受到它的莹润坚密，观赏时又能发现色泽上的疏朗之美。"仇国仕续说："遇到这样的瓶子，藏家走运了，放在行内是'开门见山'的好东西。我也经常遇到一些朋友拿他们的宝贝来给我过目，我一看就知道是仿品，但又不好驳对方的面子，只好评价说'不太开门'。"

仇国仕记得，这个天蓝釉瓶曾于一九八八年至八九年在日内瓦鲍氏东亚艺术博物馆展出，后在一九九四年五月出现在苏富比拍卖会上。再出现就要算到如今，列入香港苏富比四月春拍的"雍廷聚瑞"专场。而仇焱之的清代天蓝釉藏品绝非就此一件，据传他另藏有天蓝釉团寿心葵花式盏托，及由上海古董商陈中孚手上购入的康熙官窑天蓝釉太白尊。

仇国仕也带来雍正御宝白玉九螭钮方玺及南宋建窑黑釉天目茶盏。与雍正天蓝釉长颈瓶相似的是，这两者都质地通透。同时，白玉方玺有雍正印面、配有康熙印钮，说明传世有序。

笔者与仇国仕的对谈是以英文进行的，原因之一是仇国仕更习惯用英语进行专业分析，二来与其国际化的家庭背景有关。仇国仕是中瑞混血儿，母亲是来自瑞士伯尔尼的女画家Doris Chow。让人意想不到的是，其母Doris嫁入仇家之后，对"苏料"青花瓷的喜爱竟发展到痴迷程度。仇国仕反问："成长在这样一个家庭很有趣吧？"祖父仇焱之很喜欢这位蓝眼睛儿媳，并亲自传授给她许多鉴赏青花瓷的秘笈，仇国仕母亲悟性很高，久而久之便对某些特定年份的青花瓷练成"一眼可分伯仲"的本事。

祖孙二人实有诸多相似，仇国仕继承了仇焱之的认真性格——敏于观察，精于行事。仇国仕曾在日本藏家坂本五郎家中茶室见到一件古瓷。直到如今，他仍清晰记得在楼梯转角处见到古瓷时"豁然开朗"的感受："那种感觉是融合了光线与气氛的，仅存在于我和器物两者之间。我想将那一刻的'心动'带给跟我一样爱瓷器的藏家，所以专程找来从事茶室摄影五十年的日本师傅为拍品照相，希望能令藏家也感受到瓷器的神秘性、故事性。"

仇焱之之所以能成为全球五大中国古陶瓷收藏家之一，因练就"好眼力"，仇国仕说这绝非一日之功。其实，早在仇焱之年少时，他在上海五马路"晋古斋"跟随朱鹤亭（人称"朱二爷"）学师，先学古陶瓷鉴定、买卖之术，再攻明清瓷器收藏之道。

到了一九四六年，仇焱之藏有的明瓷珍品首度在上海公开展出，他为藏窦取名"抗希斋"。他亦亲自为所藏撰文，出版书籍《抗希斋珍藏明全代景德镇名瓷影谱》，此书日后成为西方专业人士早期研究中国官窑瓷器的资料。种种上手、练眼力的训练，都为之后鉴藏鸡缸杯打下基础。

眼下，仇家三代之中，唯有仇国仕仍坚持日日与瓷器"打交道"。他说在祖父仇焱之的传奇之中，除了眼光、学识、执著，尚需一点，那便是"敢于捡漏"又"识得赏漏"的能力。

原刊于《大公报》收藏版"汲宝斋"

2015年4月1日，B23文化版

清雍正天蓝釉弦纹长颈盘口瓶　香港苏富比拍卖行供图

清雍正御宝白玉九螭钮方玺　香港苏富比拍卖行供图

侯瀚如：陈箴与上海的聚散离合

　　说起陈箴，许多人想到的是上世纪八九十年代走红于海外的中国艺术家群体，有人想到他对东西方文化碰撞与融合的思考，有人叹息他的英年早逝，也有人将其未完成的装置手稿付诸行动。上海外滩美术馆二〇一五年五月至十月举行"陈箴：不用去纽约巴黎，生活同样国际化"展览。时隔九年，陈箴的作品再次回国，与展览一并提出的还有关于上海城市化进程、私营美术馆发展的讨论。

　　外滩美术馆展出的作品均出自陈箴生前最后四年的创作（一九九六年至二〇〇〇年）。展览由陈箴夫人徐敏担任艺术总监，由国际策展人侯瀚如策展，致力呈现艺术家生前装置，如《兑换处》《日咒》《早产》及《禅园》等。同时，徐敏与侯瀚如依照外滩美术馆展厅内部的结构，帮助陈箴完成其生前的两组作品《净化室》与《无题》。徐敏在五月二十九日的开幕礼上感慨："陈箴已逝，他回不来了，但他的作品回来了。"

　　侯瀚如与陈箴自上世纪九十年代在法国相识，两人的第一次见面是在"为了昨天的中国明天"展览。当时，侯瀚如第一次见到陈箴本人，陈箴正与家人一起搬石头，那种只属于艺术家的认真与投入令他印象深刻。两人很快成为朋友，直到一九九八年陈箴以巴以冲突为蓝本创作出《绝唱》，侯瀚如见证了此作品从构思到参展的全过程。侯瀚如说："从最开始到最后一刻，我们都很熟悉，所以

陈箴《净化室》　上海外滩美术馆供图

这次展览虽然是第一次展览，实际上是酝酿已久。"

陈箴一九五五年生于上海，生前不断往返上海、巴黎两地，后期创作很大程度上揭示了上海现代化、亚洲的都市文化（Cosmopolitan Culture）对人的启示。他用广泛的世界性视角观察到这座城市面貌的变化，如生活节奏、生态平衡、新旧并存、环境污染等方面，并将自己的发现与反思植入作品当中。侯瀚如认为，虽然陈箴离世十五载，他的作品仍带有预言性，有着能反映现今时代的强大生命力。

其实，这种生命力来源于陈箴对上海的关注与城市化的研究。陈箴与上海的关系被侯瀚如形容成"又离又合"，如远距离恋爱的情侣一般。艺术家的思维及创作方式很大程度上源自他对上海的关心。在九十年代中后期，陈箴短暂回归上海后，创作了《社会调查 —— 上海》系列作品，记录下旧上海的殖民建筑、仿苏式建筑、改革开放以来拔地而起的高楼建筑等等，勾勒出"过去 — 现在 — 未来"的社会发展体系。

对于城市化的本质，侯瀚如认为十多年前只是一个开端："实际上，城市化的发展规模并未减少，也没放缓，如今仍在继续。现在很多人开始寻找这其中的出路，这是一种反思。比如西方非常普遍的都市农耕（urban farming）现在在中国也有了倾向，陈箴早期做的一些方案是修正的方案，实际上现在还在讨论这个事情。"

不过纵观陈箴的创作，陈箴似乎一直希望摆脱针对性地回应某些问题的方法，正如他在日记中写道："对艺术家来说，重要的是发现一个新角度去看世界，而不仅仅是对某一事物发表自己的新的看法。vision, concept, not opinion（视野、观念，而非观点）。"

一九九八年，陈箴的第二次社会调查将覆盖面延伸到广泛的市民生活，用上海的视角反映了当代中国的变迁——上海人在面对自己的现代文化时，不自觉地汲取了外来文化的内容，自我意识不断变化、刷新，而城市所带动的诸多变化在人身上呈现出"融超经验"的表现（Transexperiences，陈箴自创的理论，大意指的是转移、贯通、超越之集合，不是一种纯观念性的观念，而是一种混沌的体验式的观念）。

侯瀚如亦分析道，在陈箴的作品中，关于矛盾的对立与转化一直是他思考的重点。面对东方与西方时，陈箴认为只有同时认识、了解东西方，才能真正确立自己的观点，因为人在审视世界之时，也在检验自我。具体到作品上，陈箴论述的是有关文化与城市记忆的深层问题，他由心理出发揭示原因，批判性地切入，同时期待透过作品提供改进的方案。

外滩美术馆的二楼陈列的陈箴作品《净化室》，从民间征集到的衣柜、沙发、自行车、板凳全部放在泥土里。陈箴用泥是希望借中医学中"泥浴""泥敷""泥埋"的疗法，对日常用品加以彻底的洗涤与净化。《净化室》体现的不仅仅是陈箴的自身经验，更是一种文化的转化——过度发展的城市、分化冷漠的社会、日渐恶劣的生态环境，以及被消费主义社会物化了的我们，如果这一切都可以经过洗涤而寻求到一条出路，该有多好？

近十年，私营美术馆在中国如雨后春笋般蓬勃发展着，数量增加的同时亦纳入不少精品艺术收藏。侯瀚如留意到这个变化，他称上海私营美术馆的兴起的确带动了当地艺术圈子的繁荣，如今更多人愿意为艺术提供展览、交流、对话的空间。反观"陈箴：不用去纽约巴黎，生活同样国际化"这一主题，"国际化"的视角是由陈箴最先带出的，但同时外滩美术馆的地缘故事也让主题合理化。

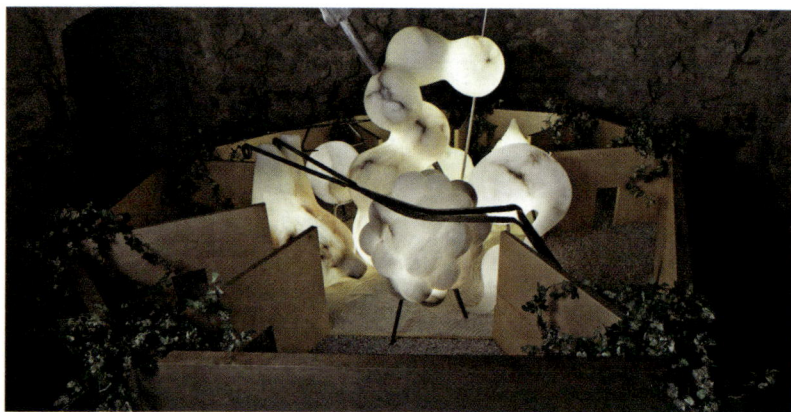

陈箴《禅园》 上海外滩美术馆供图

上海外滩美术馆是二〇一〇年美国洛克菲勒集团（Rockefeller）开发的"洛克·外滩源"地产项目中的一部分，而"洛克·外滩源"又是上海修缮历史建筑的一个工程。"源"这个字眼，既说明此区域是苏州河与黄浦江交汇处的地势，亦反映出上海在近代中西文化交流中"中间人"的身份，间接解释了陈箴展览中矛盾双方的复杂关系，解释了"国际化"的来由。

但是有了展馆以后，艺术家们需拿什么将它填满？换言之，私营美术馆的固定馆藏仍成担忧。外滩美术馆馆长Larys Frogier称，外滩美术馆目前正打算透过接受艺术家捐赠及馆方收购两个方式公开征集艺术品，并有可能设立一个委员会来决定馆藏的方向。Larys Frogier坦承，无论是扩展收藏或运营美术馆，内容是最重要的，此外来自收藏家、内地艺术基金会的赞助也不可缺少，只有维持一个稳定的平台才有利于推动更多中国艺术家走入全球艺术视野。于是，这成了外滩美术馆发起"Hugo Boss亚洲新锐艺术家大奖"的初衷。

策展人侯瀚如身兼罗马MAXXI美术馆艺术总监，笔者采访他的时候，他正身处罗马。通过镜头，他身后的背景是一面白墙，只放了一个书架，上面摆满了书。离书架不远处，有一扇床，看不到的视频框外风景，却能看到阳光洒在书架上。他思考的时候，就会往后仰一下，一边说、一边梳理，再慢慢回到原来的位置。

在侯氏看来，外国美术馆的路线不可复制，中国私营美术馆不应过分参照外国的模式来设定标准，而应契合自身城市文化、地域特色的潜在条件。例如，外滩美术馆正是以特别的构思将地产项目下的艺术空间打造成公共教育、文化交流的平台。

最后，被问及内地美术馆目前遇到的最大问题，侯瀚如指出问题来自"Expertise"（专业能力）——"专业人士不够，专业眼光不够"。侯瀚如解释道："这里的'专业'并非要求从业者一定要读过博物馆学，而是指自由的精神与开放的意识，做美术馆不是争一时的热闹。"

挂了电话，笔者悟出两件事，其实每个人和城市的关系都是离合兼具的，无论那个城市是他生长的、挚爱的抑或长年栖居的；另有一事，有机会还要问问侯老师，即是：他家窗外究竟藏着怎样的一番景象？

原刊于《大公报》收藏版"汲宝斋"
2015年7月8日，B17文化版

陈箴《日咒》　上海外滩美术馆供图

常沙娜访谈之上：两代人的敦煌情

一九四八年十二月，"敦煌的守护神"常书鸿曾在《大公报》连载七篇题为《从敦煌近事说到千佛洞的危机》的文章，为维持敦煌研究所的工作摇旗呐喊。六十七年后，常书鸿之女、著名工艺美术设计家常沙娜，借二〇一五年初深圳举办的"花开敦煌——常沙娜图案研究与应用展"南行来港。

八十四岁的常沙娜，身上有一种祥和与静谧的气质，语速慢慢的，故事在她的口中，总是娓娓道来。

一九二七到一九三六年，常书鸿留法学习绘画，当时的妻子陈芝秀也在法国学习雕塑。常沙娜在法国里昂出生，名字也有其父母留洋时生活的那种浪漫。常沙娜说："我的名字是个法语单词，La Saone（音同中文的"沙娜"）是里昂的一条河，父亲的挚友吕斯百、马光璇夫妇（画家），王临乙、王合内夫妇（雕塑家）给我起的。"

谈及父亲常书鸿与敦煌的情缘，常沙娜说难以一言蔽之，最早要追溯到常书鸿在巴黎塞纳河畔的书摊上见到伯希和（Pelliot）的《敦煌图录》。"他（常书鸿）翻看了好一会儿，问摊主多少钱，他买不起，但又十分喜欢，就有些犹豫。摊主告诉他在吉美博物馆这些馆藏都有得看，他听后马上就去了，看完就被敦煌艺术彻底吸引。总是想着快点回国，去敦煌。"

"说来容易，可是怎么去敦煌呢？"常沙娜莞尔一笑，问道。

一九三六年，常书鸿放弃在法国优越的生活，只身回国，回来后未能直接到敦煌，而是先到北平国立艺专任教。一九三七年，常沙娜随母亲回国，旅途中正逢国内发生"七七事变"。刚满六岁、一句中文不会讲的常沙娜，面对逃难的洪流感到不知所措。

"我们一家随北平艺专停停走走，一路迁校至'大后方'，可以说真的是饱经风霜。父亲为了校址的事情不能整日照顾我们，我和母亲几次都险些丧生在日军大轰炸中。最后好不容易来到'陪都'重庆，在凤凰山的磁器口刚安顿下，但父亲呢，他又在酝酿去敦煌的计划了。"

当时，常书鸿的"敦煌朝圣梦"没被妻子陈芝秀看好。至于敦煌是什么样子，幼年的常沙娜更未曾想过。好在一九四二年有于右任（时任国民政府监察院院长）的推荐，常书鸿出任了敦煌艺术研究所筹备委员会的副主任，在几次辗转后抵达敦煌。

谁也没料想到，常书鸿在黄沙漫天的敦煌，一留就是四十多年。

常沙娜曾问父亲"这么苦是为了什么"，常书鸿泰然作答：他为的是保护好这些在荒烟无际戈壁滩上沉睡了千余年的瑰宝，不让英国的斯坦因、法国的伯希和之辈，美国的华尔纳、日本的橘瑞超、俄国的鄂登堡之流在莫高窟肆意掠夺的悲剧重演。

常书鸿在回忆录《九十春秋——敦煌五十年》中对此"守护敦煌之决心"亦作出描述，他将自己的一生概括为八章，从第三章到第八章皆为回顾他坚守在敦煌终生的历程，在"去"与"留"之间，常书鸿对敦煌曾作出三次庄严的承诺。

其中令常沙娜印象最深的是第二次。一九四五年，母亲陈芝秀因生活的艰苦与宗教（信奉天主教）等原因，离开常书鸿及一对儿女，出走兰州。

面对这突如其来的打击，常书鸿很痛苦，但脑中浮现出的竟是敦煌莫高窟第二百五十四窟北魏的壁画《萨埵那太子舍身饲虎》。常沙娜引述其父在回忆录中写到的话："在苦不成寐的长夜里，铁马声声，九层楼的风铃如泣如诉，勾起我万千思绪……同时，《萨埵那太子舍身饲虎》的画风与寓意强烈地冲击着我，我为什么不能舍弃一切侍奉艺术、侍奉这座伟大的民族艺术宝库呢？"

"你看，常书鸿很顽强，因为他是个地道的杭铁头！"

常沙娜特意用杭州话来讲"杭铁头"这个称呼，她续言："父亲身上有种老杭州人的气质，耿直、专注，不畏艰难险阻。他总是要舍了自己去保护敦煌，这是他在履行'舍身饲虎'的精神。"

一九四六年，因国民党要停办敦煌艺术研究所，常书鸿回重庆述职，宣传敦煌石窟保护、研究的重要性。途经兰州，他举办了一场以敦煌壁画临摹为内容的"常书鸿父女画展"，在海内外引起轰动。一位加拿大籍美国人叶丽华（Reva Esser）在展场当即表示，愿意在适当的时候资助常沙娜到美国深造，入读波士顿美术博物馆附属美术学校。

两年后，常沙娜与叶丽华成行，临走时她不忘带上自己在莫高窟临摹的一百余幅画作。等到一九五〇年十二月，适逢新中国成立后，朝鲜战争掀起，常沙娜与许多爱国留学生一同回国，但她此时在美国的学业才读了两年，学历还未拿到，可又不得不提早回国。常沙娜说："我就是这样，许多地方都去过，好多东西都学过，只有个初中毕业证书。"

即便如此，常沙娜却指她的人生给养主要来自敦煌。在过去的半个世纪中，她愈发发觉到"源"与"流"不可分割的关系。对她本人而言，"源"就是流淌在她身上的敦煌艺术文脉；"流"则是时代生活所需的艺术设计的创新与发展。常沙娜随即感慨："民族的、科学的、大众的，这就是敦煌艺术延续的文脉，这是一种民族性的、血液里的东西。"

将敦煌艺术"学以致用"要数上世纪五十年代在清华大学营建系的日子。常沙娜当时跟随梁思成、林徽因夫妇，协助筹建营建系工艺美术教研组。"林先生扶病带着我，还有另外两位研究生钱美华和孙君莲，对当时濒于停业的景泰蓝工艺工厂做调查研究，了解其工艺程序及材料特点，为这些工艺品设计了一批具有民族风格，又便于生产的新颖图案。"

也是从这开始，常沙娜醉心于藻井、华盖、背光、边饰等敦煌壁画中的常见元素。她以历代不同的装饰图案为题，研究如何再现建筑、景观、花卉、织物服装等装饰工艺技术的发展。敦煌图案的艺术精髓，在结合了材质、功能的考量后，被常沙娜运用在人民大会堂宴会厅、民族文化宫、首都机场、燕京饭店等建筑物的装饰设计。

上世纪八十年代，常书鸿曾在给常沙娜（时任中央工艺美术学院院长）的信中写道："沙娜，不要忘记你是'敦煌人'，是时候该把敦煌的东西渗透一下了。"

但如何才能最好的"渗透"呢？常沙娜思前想后，终于在一九九七年迎来机会。她借香港回归祖国，为中央人民政府设计赠送香港特别行政区的礼物、纪念性的雕塑——《永远盛开的紫荆花》，"含苞待放"花卉设计的造型受到敦煌壁画装饰图案的影响。具体到纪念物设计的方向，雕塑需兼具"永久性、纪念性、美术性"，要体现中央赠送纪念雕塑的含义，又要考虑到香港喜于接受的寓意与形式，难度不小。在历时半年的设计、制作过程中，常沙娜先后参与了前期设计、泥塑模型、铸造、加工、吊装、验收等步骤。

直到今天，常沙娜来访香港，总要看一看这《永远盛开的紫荆花》，她说："这是香港回归祖国的历史标志与纪念物，也是海内外游客来港必会前往观赏的景观。作为设计师，我是很自豪的。"

二〇〇四年，敦煌举办了"敦煌研究院建院六十年暨常书鸿诞辰一百周年纪念活动"，常沙娜与弟弟常嘉陵主持恢复了常书鸿故居，设立了陈列室、办公室，并将常书鸿墓碑迁至大泉河对岸。墓碑上铭记着常书鸿守护敦煌文化遗产的毕生功绩，刻有赵朴初送与常书鸿的那句响当当的称号——"敦煌的守护神"。

在笔者专访中，常沙娜谈及最多的还是家人。她时而停顿下来，问问身旁弟妇福兰（常嘉陵的太太）与堂姐常婷婷的意见，生怕自己遗漏了、讲错了父辈的故事。席间对话，也让常沙娜感受到时光倒流。她说自己老了，如今时常想起父亲挂在嘴边的座右铭："青春不会再来。但不论有多大的困难，年龄大了，我还是要继续奋斗下去。"

"杭铁头嘛！"常沙娜说罢，开怀地笑了。笔者知道，这个词不仅代表常老的慈父，也指她自己。

原刊于《大公报》收藏版"汲宝斋"
2015年3月5日，B14人物素描

常书鸿一九四二年作品《重庆凤凰山即景》，内容包括：妈妈抱嘉陵看兔子、
王合内养兔子、沙娜喂鸡、公用的厨房、李家珍带子女上山、
王合内养的宠物狗Loly　常沙娜供图

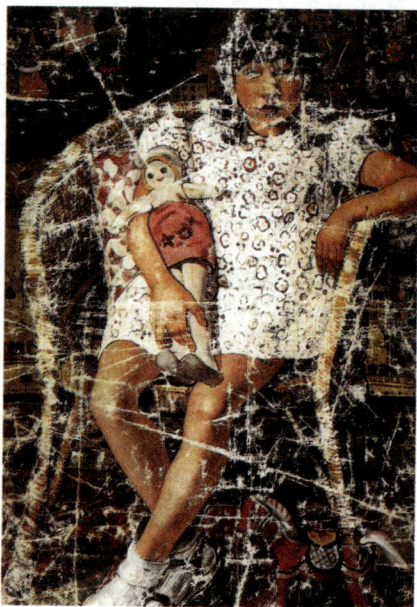

常书鸿一九三九年作品《沙娜像》 常沙娜供图

常沙娜访谈之下：石窟作画　恰同学少年

　　敦煌莫高窟全长一千六百零一十八公尺，现存有塑像和壁画的石窟共计四百九十二座，所藏艺术品之丰，堪称世界上规模最大的画廊与彩色塑像馆。"若将这四百九十二座石窟中的壁画按五米高度并列排开的话，长度可达二十五公里，即便是乘坐时速二十五公里的汽车参阅画卷，也需要一个小时才能和这些壁画打一个飞速的照面。"常沙娜笑道。

　　二〇一五年二月中旬，常沙娜第六次来到位于九龙钻石山的志莲净苑，并以漫谈的方式公开讲述她对莫高窟艺术的领悟、传承与发展。在讲座中，常沙娜讲起她在上世纪四十年代初刚刚接触敦煌壁画临摹时的故事。那时，除了学习临摹技巧，常沙娜热衷于琢磨壁画后面的佛经故事，她总在思考，石窟艺术的创作者如何将丰富的佛传与神话题材以人们喜闻乐见的形式表现出来？在繁琐的佛家经典背后又蕴藏了怎样的哲理故事？

　　在敦煌众多佛传故事中，常沙娜最钟情十六国北魏时期的《萨埵那太子本生图》（二百五十四窟）及《尸毗王本生故事》（二百七十五窟）中刻画的人物形象。无论是"舍身饲虎"抑或"割肉护鸽"，这两则本生故事皆着重刻画了佛教始祖释迦牟尼不畏牺牲的泰然态度，而修身成佛所承受的经历必定是清苦而脱俗的。壁画塑造了鲜明的主题，配合暗褐色的基调，间以石青石绿、灰黑色的冷调，烘托了"舍身取义"过程中悲怆、凄厉的气氛。

从一九四三年到一九四八年，常沙娜随常书鸿在敦煌的岁月。近年新编出版的《常书鸿画集》，收录了常书鸿三百多幅绘画作品及在敦煌时期的壁画摹本，涵盖油画、水粉、素描、速写等。这些画作按年代可分为四个时期：留学法国时期（一九二七年至一九三六年），回国初期（在北平、昆明与重庆，一九三六年至一九四二年），敦煌时期（一九四三年至一九七五年）及晚年（在敦煌、兰州与北京，一九七六年至一九九三年）。其中，画家有关莫高窟的创作最为人熟知。在敦煌期间，常书鸿描绘的对象却不限于佛教人物，当地的自然风光、农民老乡、工作组成员也成为他的灵感来源。

常沙娜说，父亲在敦煌期间的作画融入了与过去（如：巴黎沙龙时期）截然不同的情调与感受："不论是哪个角落，凡能够触及画意的，他都不放过。"常书鸿在此阶段的画作注重内心的倾述，也体现艺术上的慰藉，将常氏一家在敦煌生活的点点滴滴都融情纸上。完成于一九四三年的《莫高窟冰河上饮牧牛》，便记录了常书鸿"初来乍到"、在敦煌莫高窟安顿下来的情况。作品描绘了莫高窟大泉河上"天河一色"的冬景，将严谨的写实技巧融化在自由、抒情的笔触中。

另一张绘制于同时期的画作《临摹工作的开始》，常书鸿则以女儿沙娜与研究员陈延儒的新娘为模特，以石青色调的"经变"壁画为背景。常书鸿着笔在人物面部，将古代壁画与年轻活泼的少女形象融为一体，构图与色彩处理统一、协调，画风颇接近敦煌壁画。这一作品象征着常书鸿一九四四年起全身投入敦煌研究的开始。

临摹是常沙娜青春年少时最大的乐趣。按父亲常书鸿的要求，常沙娜在临摹初期先要理解壁画的历史背景，才能准确把握历代壁画的时代风格。"父亲总说，要以'舍身饲虎'的精神来做事，不要为了名利放弃敦煌艺术，更不能为了名利把社会搞乱。"第一次听到这话，年幼的常沙娜心中已悄然种下"奉献"的种子。直到如今，种子结成果实，体现在常沙娜曾临摹的各朝代之重点石窟壁画上。

常书鸿严格要求常沙娜从客观临摹着手，由表及里，顺着壁画原来的敷色层次来画。常沙娜便每天早上兴致勃勃地登上细细窄窄的"蜈蚣梯"，爬进洞窟临摹壁画。她对那时的作画情况仍记忆犹新："父亲让我把北魏、西魏、隋、唐、五代、宋代各洞的重点壁画，全面临摹一遍。在临摹唐代壁画时，他先让我向邵芳老师学习工笔重彩人物画法，通过临摹给我打下了造型基础。爸爸在每个环节上都耐心指点，要求一丝不苟。"

常沙娜也讲述，她尤对北魏、西魏、隋代的壁画产生了特殊的偏爱，她喜欢这个时期的伎乐人和力士——那种浑厚粗犷的笔触，加上"小字脸"的勾点，神态和表情兼具洒脱情趣与装饰性。而这在常书鸿看来，又与二十世纪前半叶法国画家鲁奥（Georges Rouault）的画风不谋而合，注重线条表现力的粗犷之美。白天入洞作画，到了傍晚，常沙娜也加入大人行列，跟随父亲学习自制土黄、土红、锌白颜料，还用矾纸、桐油纸代替拷贝纸，而这一切都引起常沙娜对绘画的极大兴趣。那时，十几岁的常沙娜跟随大人在石窟中作画，见过的人都称赞她画得比大人更好。

六十多年后的今天，常沙娜在画册上、在美术馆展厅中见到自己当年的临摹作品，她仍会"怦然心动"，她清晰记得，每每画到兴致来了，她就在窟中放开嗓子唱歌，"长亭外，古道边，芳草碧连天……"声音在洞窟中幽幽地回响，仿佛许多人齐声歌唱似的。

和常书鸿一样，常沙娜在敦煌的日子是苦中作乐，她却兴奋地将自己浸淫在石窟的艺术世界。她在回忆录中写道："早晨的阳光直射进来，照亮满墙色彩斑斓的画面，有建于五代时期的窟檐斗拱上鲜艳的梁柱花纹，有隋代窟顶的联珠飞马图案，有顾恺之春蚕吐丝般的人物衣纹勾勒，有吴道子般舞带当风的盛唐飞天，还有金碧辉煌的李思训般的用色……"

满目佛像庄严、莲花圣洁、飞天飘逸，这一切让常沙娜如醉如痴地画，用她自己的话讲，那时她"画得投入极了"。即便身处荒烟大漠，在敦煌的修行为常老一生的设计创作打下了坚实基础。久久难忘的敦煌情意结，也迫使她放弃了美国的学业，做出了与父亲一样的抉择——在一九五○年决定归国。

再看敦煌莫高窟壁画中的精华，晚唐的《八臂十一面观音》及一百七十二窟的《观无量寿经变》，人们屡屡赞叹，常沙娜小小年纪就能把画中的佛教造像画得那样好，这不仅仅是技术上的临摹，她已将自己投影在画中。

那么敦煌精神究竟意味着什么？

常沙娜说，这是由他父辈开始怀抱的一个理想——"誓把青春献荒滩，献罢青春献儿孙"，献出了自己，还要献出儿孙，因为敦煌是个代代相传的事业。在常书鸿之后，敦煌研究院相继迎来段文杰、樊锦诗两代院长，史苇湘、欧阳琳、李其琼、马世长、贺世哲等研究员。可以说，开拓敦煌文化艺术的事业从未停步。

而对常沙娜而言，敦煌艺术、花卉写生、装饰艺术设计、艺术设计教育，实为其这一生都未曾舍弃的四项事业。其中以花卉为灵感的创作，贯穿了常沙娜约六十年的设计生涯，从纪念香港回归的大型雕塑《永远盛开的紫荆花》，到她二○○一年出版的《花卉集》，花都是不变的主题。

常沙娜喜爱画花，也爱观察不同种类的花所独具的美感，她以发现田野里、菜园中不起眼的小花为趣。就连二〇一五年二月，深圳关山月美术馆举办的"花开敦煌——常沙娜图案研究与应用展"也是以花为名。这名字一来与常沙娜"沙漠之花"的美誉有关，二来配合了常沙娜透过花卉设计向父亲、向敦煌艺术献礼的心愿。展览集中展示了常沙娜近六十年共约三百件作品，囊括临摹原稿、设计的工艺品、创新的应用作品。

谈起展览，常沙娜却是一脸的淡然："我是不喜欢美展的，画一直都放在家中，但儿子崔冬晖一直鼓励我，那我就拿出来展览吧。在文化部、中国对外文化交流协会及台湾策展人黄炫梓的帮助下，展览二〇一四年七月自北京今日美术馆开始，现在来了深圳，明年还要去台湾、土耳其和俄罗斯，两年后可能会将终点站设在法国里昂。"

"您盼望回到里昂吗？"笔者追问。常沙娜笑笑。毕竟是离开出生地八十余载，毕竟是进行如此重要的一场"人生巡礼"，常老脸上露出难掩的期待。她转而答说："父亲常书鸿到老都是乡音不改。他虽在西北生活了四十多年，却仍操一口浓重的杭州口音。"

一九八二年，常书鸿返回杭州，回到了母校浙江大学，并为学校创作了其晚年的最后一幅画《攀登珠穆朗玛峰》。恋乡的思绪令老人产生了要将尚存的毕生作品捐赠给家乡的念头。这位慈父晚年用杭州话，在女儿耳畔轻轻地讲："我少年离乡，老大未归，大半辈子在异地他乡的大西北，我要让我的'画儿'回家。"

原刊于《大公报》收藏版"汲宝斋"

2015年3月11日，B18文化版

左为常沙娜临摹盛唐一百七十二窟"观无量寿经变";右为常沙娜临摹
晚唐"八臂十一面观音"（一九四七年作，局部） 常沙娜供图

上世纪八十年代父亲常书鸿写给常沙娜的亲笔信　常沙娜供图

黄孝逵：再忆黄胄　废笔不废

笔者初识黄孝逵是在两年前香港大学一个鼻烟壶收藏展上，当时众人争相附和、一片叫好，黄孝逵的一句"这不是艺术品，只算得上工艺品"尤显得语出惊人。事后才得知这一九七八年移居香港的老先生来头不小，如若追溯其与水墨创作的缘分，则避不开谈中国现代水墨人物画大师黄胄（1925—1997）对他的影响。

黄孝逵父亲黄墨涵是巴蜀地区出名的"爱国者"，曾参与辛亥革命，并为最早一批公费留学日本的学生，毕业于早稻田大学法律系。上世纪七十年代，他的长兄在北京解放军总医院（三〇一医院）任胸外科主任，叶剑英的女儿叶向真是他的学生，在叶向真的丈夫、钢琴家刘诗昆的引荐下，三十岁的黄孝逵结识了五十岁的黄胄。

一九七五年，黄孝逵第一次到黄胄家观其作画，他直呼"没想到"。未见庐山真面目时，他原以为黄胄属于天才型的画家，但真人却是一个有"小肚腩"的中年男人，这一见反倒有些"祛魅"的效果。黄胄为人风趣、谦逊，也不拘小节，很快拉近了两人的距离。

"我在黄胄身边学画的时候，他常常说'我的字不行'。"老师黄胄之所以如此言之，是因为他的书法没受过正规训练也不按传统的章法、结体来写，黄胄自认为是拿不出手的。然而，在黄孝逵看来，黄胄画了几十年，字也题了几十年，将绘画的技法和追求用于书法，说字写得不好那是自谦。一次，黄孝逵从黄胄家拿了块墨回家，顺手用一张黄胄写过字的废纸包装。回到家才发现上面写的是"山雨欲来风满楼"七个字。字用淡墨写成，纸上还隐约可见斑斑墨迹，那是黄胄作画时用纸吸墨所形成。

那时正值一九七六年天安门事件前后，"山雨欲来风满楼"反映了国内的政治气候，热爱生活、热爱人民的画家敏锐地察觉到民众对"四人帮"的不满已至极端，政治局势即将发生巨变。黄胄在"文革"中亲手焚毁了自己的速写作品，数量达一筐之多。因涉"三家村"，他被迫在一九六六至一九七二年搁笔，接受劳动改造。偶有作品，不敢署黄胄，改署梁蓬、梁泉。到了一九七二年，黄胄短暂"复出"，参加全国美展展出重画的《亲人》，但很快又在一九七四年至七六年间再涉"黑画"，被迫搁笔。

黄孝逵回忆说，当时出入黄胄家的除了文艺界人士，亦有被"四人帮"打倒的干部子女："我记得最清楚的是，有一天晚上，刘少奇的两个女儿突然就来拜访黄胄。当时我们本是一群人在聊天，十四五岁的两个女孩一进门，马上鸦雀无声。大家不约而同站起身，默默表达对背负'工贼叛徒卖国贼'之名的国家主席的悼念。黄胄太太郑闻慧女士安排她们坐下，问了一句：'妈妈还好吧？'听不清她们的回答。她们再没说什么，静静地坐着。极度孤独的她们似乎想在这里感受一点家的温暖。"

在黄胄北京三里河家中，客厅内的墙壁四周悬挂着他比较满意的作品，有人物、动物，也有山水。黄孝逵移居香港前去告别，他让黄孝逵挑一张喜欢的。于是，黄孝逵便选了一张名为《补网》（创作于一九七三年）的作品。这张画在黄胄是速写草稿，不是正式的创作，而黄孝逵却认为黄胄即时即情挥洒的作品更为难得，难以复制。事实上，我们至今也没有再见到同一题材的作品。

《补网》一画勾勒了一个渔家少女细心修补渔网的情境，身边还有几只鸡作陪衬，是典型的速写水墨。侧重人物的神韵多于造型结构。有趣的是，黄孝逵发现黄胄写人物画的小怪癖——"点睛"之时总要用毛笔先沾下自己的口水，有了口水墨色便不会轻易洇出来，便于表达对象的神情。在伪作充斥市场的今天，这"口水"甚至可以作为鉴定真伪的依据。

黄胄赠画予人时，如果对象是学生，他便题"参考"，如果是一般人便写"指正"。所以在此画左上角，黄胄本题有"孝逵同志参考"。初来香港时，黄孝逵出于生计考虑，曾有出让的念头，所以将左上角的上款挖掉。最终因舍不得而留了下来。

黄胄的作品绝非凭空臆造，也不是临摹誊写，笔下人物、景物均来自真实的生活体验。黄孝逵藏有七张黄胄画作，均为他在一九七五至七六年跟随黄胄学画时获赠。他另藏有一张绘鸡的作品《育雏》。画中的母鸡周边紧簇着一群小鸡，小鸡的爪和母鸡的爪有明显区别。黄孝逵转述黄胄当年的教导："小鸡的脚要画成罗圈腿，摇摇晃晃站不稳，小鸡便活了。"

有一次黄孝逵陪黄胄去解放军总医院看病，路边种的龙爪槐黄胄没见过，迫不及待地找来一张信笺和一支圆珠笔将其枝叶勾勒出来，回到三里河家中抽出一张纸（黄胄习惯裁好一批宣纸以作备用），画下这张《育雏》。先画前景的鸡，最后补上背景的龙爪槐。"黄胄作品往往是动态的，他通过速写体验生活然后用水墨提炼、加工，作品中的人、物纯朴自然亲切，无半点惺惺作态，也不故作惊人之笔。"

黄胄的作品中，时常见到一些"废笔"（多余的笔触），当年也曾受到一些美术界人士非议——有些人认为黄胄的作品不是国画，而是速写。不过，黄孝逵提出黄胄的作品实属"废笔不废"，几条骨骼线很清楚，看似无关紧要的"废笔"着力描绘的恰是动态，是对生活真实的追求。可谓缭乱而不凌乱。实则，黄胄作画从不打草稿，向来是笔到意到。例如，黄胄一九六二年为邵宇（时任人民美术出版社社长）所画的一张丈二匹大画《奔腾急》（又名《藏童上学》）就是赶时间画出来的精品，几个藏族小孩在马上跑，像是电影中的场面，有血有肉，甚是活泼。

再问，黄胄有没有不成功的作品？黄胄一九七六年重拾画笔后文化部安排创作的《曹雪芹》当属一例。因何谓之不好？缺少了源于生活的观察与热爱，画家离古人生活距离甚远，单凭想象无法模拟出曹雪芹的神韵。黄胄在创作人物画过程中，会请人帮忙做模特。这张《曹雪芹》的模特正是黄孝逵。当时，黄胄让黄孝逵坐好，摆出文人持笔写作的姿势。直接用毛笔在宣纸上作画，画了两张，一张生宣、一张熟宣。如今再看这张画，黄孝逵始终觉得由他"扮演"的曹雪芹难称是画家的上乘之作，因画中人物太过样板，全然不见黄胄画农民、牧人时的鲜活、灵动特点。"归根结底，是因为他（黄胄）没有古人那个生活。"

二十世纪的西方艺术家蒙德里安（Piet Cornelies Mondrian）、康定斯基（Wassily Kandinsky）虽在抽象领域做了一系列的尝试，但其中"从具象出发"的这部分实验（例如：蒙德里安将树的抽象创作分成四个步骤）多少都牵涉到对自然物、具体生活的回归。艺术家看似极简化的点、线、面处理，反映出他们根据具象情绪所做的长期探索。而这也契合同一时期生活在中国的黄胄提炼生活、理解生活的方法。

除了中西上的联系，黄胄的作品亦可寻见清晰的古今联系。黄孝逵曾多次和笔者讨论过谢赫六法中的"传移摹写"，他认为"传移摹写"指的是写生，可惜几千年来却被世人误以为临摹，而忽略了写生这一作者与对象的交流。"在写生中，山和人都有个性，面对同一座山不同的人会有不同的感受，不可能依靠临摹他人作品来表达。例如画黄山，不去写生你就很容易画得像盆景一样。我们要通过写生去认识生活感受生活，才能创作出与众不同的作品。"

一次黄胄取出十余件画驴的作品，要黄孝逵选取一张相赠，他选了一件有明显缺点的，黄胄非常惊讶，学生笑答："前面的那头驴子画得不好，但中间那两只正在踢脚的特别好。"出于讨教、钻研的考虑，这张《群驴》更具参考价值。

南来香港之后，黄孝逵每每提起黄胄仍是感激非常。在访谈最后，黄孝逵拿出一张黄胄在他离京前，托人为他购买火车票的信笺。泛黄的信纸上写着——"宋曼同志：请您给小黄同志搞三张票，他们很快离开北京。写信问候大章弟好。近来（我身体）有好转，请放心。敬祝，黄胄。七月二十二日。"

这是四十年前的事，黄孝逵依稀记得信中提到的那个"大章"是个四川人，"宋曼"是他的太太。黄孝逵还记得，黄胄有一张画得特别好的新疆维族舞蹈（水墨人物）就被这个"大章"收藏。那画中舞者的裙摆一扬起来，少说也有人的手臂那么宽。等黄胄刷刷几笔画完，人物竟笑着旋转起来了，与这回忆一起，在流畅有力的线条之下，抃风舞润。

原刊于《大公报》收藏版"汲宝斋"

2016年3月2日，B9文化版

黄胄一九七三年作品《补网》是典型的速写水墨创作，
勾勒出少女细心修补渔网的情境　黄孝逵供图

黄胄上世纪七十年代作品《育雏》 黄孝遽供图

辑二　空间与人

李立伟：失去公信力　博物馆将一无所有

　　博物馆界可能无人不知李立伟这个名字，他曾任伦敦泰特现代美术馆创馆馆长、瑞典斯德哥尔摩现代美术馆馆长、香港M+视觉文化博物馆行政总监。不过笔者第一次见到李立伟的时候，正巧是在瑞典，听说他是香港来的"博物馆馆长"，马上说了一句"欢迎来到斯德哥尔摩"，结果被这银发绅士回了一句"谢谢，我本身就是这里的人"。作为一个"有答必应"的人，若有谁想知道美术馆的未来，何不好好问问他？笔者对之前的"尴尬"小事记忆犹新，凭着借问"未来"的机会，促成了如下交谈。

　　周婉京（下文简称"周"）：记得我第一次见您，是在二〇一二年瑞典斯德哥尔摩现代美术馆举办的艺术论坛"当代中国的艺术情境"，如今再看同一个话题，你觉得中国当代艺术当下的情境发生了怎样的变化？什么没有变化？

　　李立伟（Lars Nittve，下文简称"Lars"）：我想许多方面都发生了改变，在市场走弱的同时，我们看到艺术环境变得更加成熟。中国当代艺术比四五年前呈现出更为多样化的面貌。在其他领域中，发出更多声音。近年中国有许多功能、组织完善的博物馆一涌而现，尤其是在上海。我前段时间借去上海出差的机会，造访了余德耀博物馆、龙美术馆等，还首度参观了新建成不久的上海摄影艺术中心，那里的条件和策展水平都相当不错。以此，非公募赞助运营的当代艺术博物馆数量明显增加。虽然总体环境没有发生戏剧性变化，但在中国当代艺术的发展上有一些小的改变。

周：可以谈一谈你出于什么条件能够胜任博物馆总监？（具体关系到如何指导博物馆的日常运作）

Lars：讨论这个问题，你就需要回过头来看（博物馆运营）的规则，去细观一间博物馆是怎样做的，最后这间博物馆是如何为艺术内容（艺术家创造的艺术品）和观众提供"会晤的地方"。基本上，作为博物馆总监，令我觉得欣喜的事就是同时令这两个群体开心。

要知道，一方面，你要让艺术家感到他们是被适当地展示在公众面前，作品的呈现方式符合他们的愿景。同时，公众又能够积极回应这些作品，愿意去了解。如何提供这个"会晤的地方"就变得至关重要。对我而言，近几年来我一直在思考："我为什么做了这么长时间的博物馆总监？我是如何承担这份工作的？"我猜想答案应是：我发现我是一位"传教士"。

当然，这不是宗教意义上的"传教士"，而是一种借喻。当我在二十岁出头的时候，那时获取的艺术经验改变了我。自此以后，我总希望我可以继续追求这种改变，并将获得改变的机会传递给更多人。不是所有人都能获得这种经验，它的发生是偶然的。我也不认为每一个人都对艺术做出相同的反馈，但我认为提供机会意味着为更广泛的人提供（了解艺术的）可能性。这一点对我很重要。

周：但实际上，在成为博物馆总监之前，你曾在瑞典的当代美术馆担任数年策展人。后于二〇〇一年，你重回那里担任博物馆总监，能谈谈担任策展人和博物馆总监之间的分别吗？

Lars：哦，某种意义上来说，做博物馆总监要无聊很多（笑）。当你身为策展人，你可以与艺术品和艺术家（如果艺术家还在生的话）进行亲密接触。你能够塑造、组织整个展览，引导观众的观赏体验。如果你对艺术很有热情，那么做策展人真是你最理想的职业。但如果你是博物馆的总监，当然你也可以不时做一下策展。但我猜你更多时间是在"策展"那些策展人，换言之，你要从具体的策展工作中退后一步。

虽然不是全盘退出，但你难以和单件艺术品或艺术家们建立紧密的关系。取而代之，你要（为策展人）创造机会和舞台。作为总监，你会更多考虑观众的想法，因为总监（你可以让机构变得亲切、公开）的工作是更加抽离的，你需要精心策划观众的整个体验。你获得了一些东西，你就要失去另外一些。我在较早时候，就有了做博物馆总监的想法。实际上，我仅做过四年的策展人（很奇怪，自开始起我便是首席策展人）。在这四年中，我策划过许多展览，同时我也发现我不适合服务我的老板们，我觉得我可能更适合自己做老板。而后我转向做一些小型展览，并前往丹麦路易斯安纳现代美术馆出任博物馆总监。这间博物馆规模很大，有二百四十名员工。再后来，我出任了泰特现代艺术馆和瑞典当代美术馆的总监。所以我认为，我之所以不再做策展，是因为我想成为我自己的老板。

周：那么身为"老板"，如何与M+博物馆现有的策展人一起工作？

Lars：我将我的工作看成是帮助策展人来尽量轻松地应对他们的工作。由此他们可以专注于他们认为重要的或手上正在执行的项目、展览、购置等。我在M+的存在好比是基石，努力为策展人提供好的环境。

周：你如何看待香港和M+博物馆（作为城市中的当代艺术馆）的关系？如何去建立一种联系？

Lars：当然，在像斯德哥尔摩这样的城市创建一间当代艺术博物馆更为容易。因为斯德哥尔摩有一个很长的运营现代、当代艺术机构的历史。像是现代艺术博物馆Magasin3，它在一九八七年成立，它们很容易就开始运营。之后，Magasin3发现它们拥有比预期更大的受众群。于是它便发展成另一种博物馆。究其原因，是因为当地有很大一群"复杂的观众"（指观众兼具欣赏与评判的能力），这些观众很熟悉博物馆呈现的艺术内容。所以观众对Magasin3的需求与日俱增。的确，你也可以在香港做类似的事情，不过基本上你未听过哪一间博物馆是聚焦当代艺术的。和斯德哥尔摩的情况相比，这是一个完全不同的"游戏"。香港观众很明显还没有达到被现当代艺术"耳濡目染"的程度。言下之意，可供大众来接触国际艺术家及其艺术作品的地方往往是拍卖会的预展。很显然拍卖预展并不是欣赏艺术的最佳去处，因为在那里每件艺术品都被标上价签，也不按照艺术史（讲述艺术故事）的方式来陈列。

拍卖行更注重的是如何为取得好销售而营造氛围。以至于，我们（作为博物馆）需要对本土观众进行更多的指导，令他们能在一段时间内成长并发展出自己的见解。至于为什么要做不同类型的

二〇一九年才开馆的香港视觉文化博物馆M+立足香港，展示内容
涵盖视觉艺术、设计、影像与流行文化　M+视觉文化博物馆供图

展览，我们希望可以带给观众他们前所未见的东西。另外，我们发现实际上香港观众虽然不算"复杂"，但他们对艺术充满好奇心。这种好奇无疑是一个非常好的起点。接下来，你只需要帮助撷取他们所看到的，这些材料将成为非常好的施教资源。学习可有很多种方式。迄今为止，参加M+活动的人次让我们感到惊喜。同时，我们也开办讲座，令人雀跃的是，即使是讨论较难理解的话题，也还是可以全场满座。香港观众缺少的"复杂性"恰恰可以被他们的好奇心弥补。这一情况亦常发生在东亚（艺术界）。

周：既然创办一间当代艺术博物馆如此不易，准备工作可能已是相对庞大的工程，那么对于一间新成立的美术馆，你作何建议？

Lars：如下提出的只能是相对参考性的意见。我认为排在首位的第一项建议是：不要低估你的观众。观众很有可能比你想象得更加复杂、更有好奇心。第二、营造一个能让（从不参观博物馆的）观众感觉"他们受欢迎"的环境。博物馆带出的好客大方、民主自由的氛围将吸引观众进门参观。一间博物馆并不只关乎你展示什么样的艺术品，更关乎你怎样呈现艺术、你的员工在博物馆如何工作，可以具体到员工的着装。所有的一切构成令观众觉得"他们是受欢迎的"，他们就会卸下防卫。这是我在泰特现代艺术馆学到的有趣一课，因为伦敦是一个拥有超过一百五十年博物馆历史的城市。

就泰特博物馆而言，它也超过一百岁了。当我在泰特现代的时候，我们光看观众的组成，博物馆顾问会进行数据统计，他们提出如果我们采取"零门票制"的措施，每年预计会有一百五十万人次参观。这种说法听起来令人失望，因为我们确信会迎来二百五十万人次。结果就是第一年，共计五百六十万人次参观，并且自此开始参观人次再没低于五百万。在我们有了这种"冲击波"式的突破后，我们也开始研究，试图去弄清楚究竟参观者是谁、他们的背景如何、出于什么原因他们会前来参观等问题。结果显示，所有曾（在一年中）到访的参观者和顾问预期的不同。他们是一群平日不逛博物馆的人。但是出于某种原因，他们感到这间博物馆是为他们而存在的。于是他们在自己邻居、工作伙伴或周围人的劝说下来到博物馆，鼓动他们来的人会说："你可知道，我们刚刚去了这间博物馆，它真是棒极了。"所以，博物馆的名声很快以"口耳相传"的方式在坊间流传开来。和他们同一类型的观众会支持这些人前往参观。可见，处理事情的方法才最重要。于是，你可以让那些最为"单纯的观众"感受到这间博物馆是属于他们的，那么他们就会倾向前往。一次参观之后，他们也不再像以往那样"单纯"。

周：在博物馆的筹备阶段，你以什么框架来指导工作？

Lars：那时候，M+有非常多框架。首先，你必须知道你正在做什么。你也必须知道你要在哪里做、你为谁而做。当然，不同的机构有不同的野心。这些野心会造就你的资源。无论你拥有多或少的资源，这（野心）都取决于你的位置、你的受众、观众们已知事物和未知事物的情况。并且，你需要了解其他博物馆，了解它们正在做什么。你无需重复其他博物馆所做的事情，而应当相互补充。我认为经营博物馆没有通用秘诀，经营的方法会依照具体的因素而变，像是了解了博物馆的位置、资源、观众后，你才开始创建它。博物馆是生态的一部分，我们成为生态中的一分子。所以，你必须顾全整个生态环境。当我到访亚洲博物馆的时候，总有一个问题很突出，那就是无论博物馆处于何方、多么有野心，它们往往采取的是内向视野。

举个例子，如果你身处日本，你很难在本地看到韩国艺术展。但是当你梳理上世纪六十、七十年代的日本先锋艺术时，却发现实际上同时期韩国也在发生艺术运动，但你难以在日本看到韩国艺术。同时，如果你去韩国，你可以看到韩国单色画，但你看不到物派或具体派的创作。日本艺术在韩国的展示也不多，两方面有着同样的问题。中国博物馆通常也是十分中国的。甚至连新加坡也有相似案例，新加坡的新晋博物馆（新加坡国家美术馆）设有新加坡艺术和东南亚艺术的展厅，但也只限于此。总是这样，亚洲的许多博物馆只关心它是不是自己区域（或属地）中最好的。

周：这个共同问题是否与它们作为公立博物馆的身份有关？

Lars：我不这么看。因为如果你去到欧洲，大部分的博物馆，无论它们是国家的抑或国际的，它们不单单享有本区域内最好的收藏，还试图涵盖国际艺术品以获得一个更广泛的展示格局。但是在这里（亚洲），这种情况并不常见，尤其因没人在意它们的邻居。实现更大的格局，这就是M+正在从事的事情，也许香港是最适合实现它的地方。因为我们在某种意义上来说不是国家博物馆，我们可以与周边保持一个相对开放的关系。当然，我们在全球艺术中最多收藏的是香港艺术，但我们也会拥有数量可观的来自内地的中国当代艺术家作品。

周：如何才能打破亚洲博物馆的这种"局限性"？

Lars：我认为私人博物馆一定是比公募赞助的博物馆享有更多

自由。对于国家与城市博物馆，某种情况下来说，它们担负着责任。说起来有趣，公立博物馆认为如果自己不只收藏本地艺术家作品的话，就会令自己的艺术家失望，因为它们将博物馆当作了支持艺术家的后盾。当然，我认为艺术家会从（博物馆所呈现、介绍的）一个广泛的艺术情境下受益更多。由此艺术家也不会将自己看作是与外面世界隔绝之人。并且当你将艺术家推广至国家乃至全球视野时，他们也获得了更多被外面世界认识的机会。以孤立艺术家的方式来支持艺术家，这是一个误区。如果你真想支持你的（本地区）艺术家，你需要将他们放在一个更大的语境中。

周：除了公众信任外，另一件让人头疼的事情可能是博物馆的收藏。谈及为一间博物馆建立起馆藏，您有什么好办法？

Lars：对我们而言，当建立M+的时候，我们有所有这些考量因素，因为我们不仅仅是一间艺术博物馆。这些因素所带来的地缘上的层层分异，令我们的馆藏研究及建立变得更为繁复。以至于，如果我们看看我们正在做的事情，我们大约花费百分之五十到百分之六十的工夫在馆藏上，在剩余时间里，建造占百分之二十到百分之二十五，公众项目同样占百分之二十到百分之二十五。馆藏是我们正在处理的最大耗时单项，这也是我们在财政上的第二大单项。

收藏是永无止境的，博物馆一旦建成便不会改变，但馆藏（希望）是可以持续扩增的。我们目前已经走得相当远，我们差不多从四年前开始收藏，馆藏方面现时共有四千到五千件藏品。我们很幸运的是由希克的捐赠开始，就中国当代艺术的总数而言他捐出了一共约一千五百件藏品。随后，三千件艺术品陆续收入馆藏。在这部分，绝大多数是我们通过购置买入。其中也有来自其他藏家的

M+希望能在内部空间营造一种自由的氛围，让民众感受到
他们在这里是"受到欢迎"的　M+视觉文化博物馆供图

捐赠。

说到捐赠，其实并不是公众想捐什么给我们，我们就收什么的。藏品需要契合我们的收藏策略，当然它和我们买来的艺术品一样都需得到证明。同时，我们大致有十五亿港币经费可用来购买藏品。我们现拥有的艺术品大致上也有十五亿港币的价值。我们目前大概接近十四亿（预算）左右。所以，这也表明了捐赠艺术品在我们的馆藏中占有核心位置。即使你在馆藏上已花钱无数，你仍会发现这是一项挑战。我们已算走得不错。在博物馆正式开馆前（二〇一九年），我们目前已经拥有预期需要艺术品的百分之六十五（约三分之二）。我们已经收藏了四年半，再有三年便会开馆。基本上看，我们现在就花费时间和金钱的路上都是行至一半。

周：如果我没记错的话，二〇一四年M+在香港巴塞尔艺术展上从柯恩画廊买入白南准（Nam June Paik）的《电视床》，为何会选择买入白氏的这件作品？

Lars：白南准无疑是我们馆藏中最具标准性的艺术家之一。如果你设想哪些重要人物应该在我们的馆藏中起到核心作用，那他一定是名单中的一个。出于许多原因，也因为我们既是艺术博物馆又是流动影像博物馆，他同时符合了这几个类别。所以，我的意思是我们试图依靠艺术史上的重要人物来建立馆藏，那么理所当然这些人的代表作品就很重要。白南准的电视凳或电视床都相当重要，像是电视床就和白氏早期的表演、作品很有关联，在他一生作品中有着中心地位。这种收藏方式便是我们所想的。我们藏有白氏许多重要作品，现在需要购入多两件他晚期的作品。然而，我们要做的还有，当我们购入名家作品时，不只买经典之作，还要买带有突破性、最大胆的作品，以此来追溯艺术家是如何从一个阶段发展到另一个阶段的（这些历史我们无法重塑）。

周：目前在香港，艺术基金机构的数量越来越多。然而在内地，我们看到私人博物馆数量有明显增长。你怎么看两地的不同？

Lars：看上去，中国内地正开始良好地发展私人基金和私人博物馆。要知道，他们（藏家）有的不仅仅是博物馆，在博物馆内也有藏品。相比之下，由城市、市长建立的公立博物馆反倒只有个"空壳"，他们没有什么馆藏，于是这只能算作"面子工程"，而不能说成是博物馆项目。目前，越来越多的问题是有关私人博物馆、私人艺术基金机构等等。我认为在看待这个问题上，我们的目光也许有些短浅。因为倘若你纵观全球（不只是美国），几乎所有知名、我们愿意造访的博物馆，像是MoMa（纽约现代艺术博物馆）、惠特尼美术馆、古根海姆博物馆，他们都是以私人博物馆的形式建立，而后从某种意义上转变成"公共博物馆"。

然而，他们的运营方式始终是私人基金机构。这么看来，我不认为这是出于法定或财政考虑，才令这些博物馆变成面向公众的机构，相反是它们自身或博物馆创始人的考量促使了转型。我对这种变化感到正常。

一些博物馆在行业中变得知名，其他则消失不见了，消失的原因也许是：创始人丧失经营兴趣；他们的下一代不愿再出力支持博物馆等等。你要知道，事物的发展有其自身规律。在香港，如果你寻找当代艺术，许多正在举办的艺术活动皆由私人艺术团队推动，像是Para／Site和亚洲艺术文献库等。当然，赛马会也会资助本地的一些艺术项目，但它实际上是在用取之于民的钱来支持艺术，它是"半公共"的。

周：那么你认为这会对公立博物馆构成威胁？

Lars：某种意义上说，我反倒希望能带来威胁。我认为一些情况下公立博物馆会变得自满，因为它们拥有优越的地位和资助。也许它们正从事的事情并不是它们应该做的。所以如果有很好的私人博物馆出现，并带来一些惊喜、成功找到它们的受众，那么我认为这无疑是好的，也为公立博物馆敲响"警钟"。

周：那么，对于藏家而言，他或她转变成博物馆拥有者、总监会有何影响？

Lars：这和上述说过的情况差不多。即便对我曾任职的博物馆、丹麦最受欢迎的路易斯安纳现代美术馆而言，它也依旧是由私人运营的。然而，它一开始完全是一间私人博物馆，就是一个商人卖掉了他的生意、把钱投入博物馆，多年之后，这间博物馆被视作公立博物馆。它现在有一些公募赞助，但它仍然是一间基于私人基金发展的博物馆。在我到那里出任博物馆总监之时，它的创始人、收藏家、商人（Knud W. Jensen）还在亲自担任总监。他那时差不多七十五岁，是从一九五八年一路开办下来。我在一九九五年加入。这种转变的过程实属不易，因为这很像是一个私营、家族企业要聘请一个不属于家族成员的首席执行官。当然，这也是一个敏感的尝试。

周：然而我们不能仅仅把它当成是家族生意。

Lars：没错。在上世纪七十年代初，它开始接受政府资助，那时开始就变成了公共性质的博物馆。我并不担心这一点，虽然我也

82

看到中间有不少具挑战的地方。积极的例子可以参照迈阿密。迈阿密美术馆现今更名为PAMM，更名发生在它重建、获得新馆藏之后，美术馆以主要捐赠者Jorge M. Pérez重新命名。然而在迈阿密，还有四五间私人博物馆。这种（私人博物馆的发展）情况自然令公立博物馆的发展处境更为艰难。因为重要藏家并不支持公立博物馆。因为对私人博物馆而言，建立收藏源自热爱，对于可以建立收藏的人来说，建一所博物馆亦非难事，但是想要确保博物馆一百年的运营就很难了。

通常而言，财力和心理的困难更令人感到挑战性。所以，很多私人博物馆都持续不久，他们的结局或被并入公立博物馆，或变成公立。因为它们没有一个可长期支撑博物馆运营的资助，所以政府很快介入并接手管理。我认为如果有人愿意花钱来买艺术品，同时愿意让这些收藏和公众见面，始终是件非常好的事情，而这也是（创办博物馆的）首要条件。

周：访问的结尾，作为博物馆总监，你如何令一个艺术机构变得更加灵活，而非"尾大不掉"？

Lars：那么我们需要回过头来看看博物馆组织。我认为这里面有三个主要组成部分：一、策展人（包括负责教育、学习的策展人），他们负责生产内容，并拥有、呈现、叙述故事。

但是依照我之前所言，一间成功的博物馆需要在艺术家与观众之间取得平衡，所以你需要打造一间为观众服务的博物馆。换句话说，从博物馆前台人员、各区域的导赏人员，甚至包括门票销售人员，都很重要。通常，博物馆运营中总会低估这方面。第三方面是博物馆的后备，涵盖博物馆管理员、博物馆技师、版权和产品负责人等等，他们才是博物馆的"脊梁骨"（支柱）。

以上三点便是让一间博物馆站起来的"三条腿"，而且它们彼此之间是平等关系。我认为，对于博物馆领导者而言，重要之处是懂得这一点。也就是说，你需要做的是赋予容易被遗忘的事情更多关注，因为看起来可有可无的事物往往和博物馆同等重要。

中英文原刊于《台南美术》创刊号，2016年3月

据李立伟介绍，从M+视觉文化博物馆办公区域的走廊可以
望到的那片空地，将在今年建成M+展亭，其主要功能
是小型独立展览及活动的展场　作者摄影

台北故宫：谿山行旅　北宋巨碑

　　台北故宫博物院之收藏以唐宋图画远近闻名，"镇院三宝"即范宽的《谿山行旅图》、郭熙的《早春图》和李唐的《万壑松风图》。《谿山行旅图》为三宝之首，被誉为"宋代绘画第一神品"，至于它究竟以何特点成为唐宋山水画的集大成者，如何在近十个世纪中留给代代观者"天下无山，观止矣！"之感，本文冀在古人的艺术行旅中寻山问水。

　　二〇一五年七月，"典范与流传"范宽及其传派特展在台北故宫举行，展出《谿山行旅图》《临流独坐图》等范宽作品及历代画家摹作共四十五幅，依作品性质划分为"谿山行旅图的传续""范宽的传承作品""范宽画风的影响"三部分，系统地展示了继范宽以后历代画家的同名摹作，以及学习范宽"雨点皴""矾头密林"等技法之作品，意在梳理范宽风格的传续脉络。

　　展出的"神品"尺幅巨大，全画高约二米、宽约一米，采用三段式构图，近景是下方居中的巨石，中景是驴队，远景画的是一座高耸的主山。山上还有一道瀑布垂注，山腰下有云雾留白，崖壁上的雨点皴纹路清晰可见，粗黑曲折、变化多端。一种强大而沉默的庄严感从四面八方涌现出来，观者自觉面对一个无限延展的空间，肃穆感隐藏在云霭、在巨石、在水流、在土地，也在于旅人身居的人间。

　　身兼鉴藏家的北宋画家米芾在《画史》中这样描述范宽的山

水画："……范宽山水，显显如恒岱，远山多正面，折落有势。山顶好作密林，自此趋枯老；水际作突兀大石，溪山深虚，水若有声……晚年用墨太多，势虽雄伟，然深暗如暮夜晦暝，土石不分。"

其中，"显显如恒岱"这一句正说明了群山聚集如恒山、泰山的样子，山峦之间疏朗有秩，结构紧密相系，溪山深虚，一切自在画家的卧游之间。

因巧妙借助远山，再拉近中景，凸显近景渺小的行旅与巍峨、崇高的主山。此般对比的手法展现如临实境的壮伟景象，在中国绘画史上具有相当重要的地位。前景、中景、远景的比例刚好是"1：3：9"，等比级数的构图比例造成视觉的跳跃，一方面带出节奏感，另一方面也成就了中轴主山的巍峨感。人站在《谿山行旅图》面前，无法选择惯常看画的平视、俯视，而是在这"1：3：9"的节奏中被牵着走，视觉上感受到一种逐级而上的递进，眼睛在俯视，身体却像是在攀岩。

远景主山墨色跟前景一样重，又非常巨大，其强度远超过前景的山石。这时观者好像被迫站在山脚下，然而又不尽然。范宽运用了"移念到眼前"的概念，在山峦之间加上一层云雾，虚化了观者和峰顶之间可计算的距离，最后落得一个"只在此山中，云深不知处"的心情，能做的仍是一路修道（登山），一路仰望。

更因一九五七年故宫研究员某日福至心灵，拿起放大镜仔细观察画作，在右下方树荫中发现范宽的落款，《谿山行旅图》于是成为存世唯一确认有"范宽"落款之画作。而范宽的另一幅名作《临流独坐图》在八月十四日起代替《谿山行旅图》于台北故宫展出，画中可见山顶丛簇密林，山石轮廓以重墨勾勒，及水际作突兀大石等特质，与《谿》画风格一脉相承。

台湾哲学思想家史作柽在《水墨十讲——哲学观画》一书中指出，范宽的《谿山行旅图》所呈现的并非是一般情调的山水风景。若言其山水如何，皴墨又如何，很难说清楚那巨大山石打动人心的根本原因，但眼观所察之震撼力始终不容小觑，他认为在这山石之中藏有代表生命自体性的力量，正因如是，山水成了有灵性的生命。

今存世于范宽名下的山水画，包括台北故宫收藏的《谿山行旅图》《临流独坐图》《雪山萧寺图》《秋林飞瀑图》，天津博物馆藏《雪景寒林图》和波士顿美术馆藏《雪山楼阁图》等。

在这几张作品中，《谿山行旅图》以其直轴构图成为北宋"巨碑式"山水的最佳典范。史作柽就此分析道，五代至北宋间中国绘画天才群的出现无法脱离《谿山行旅图》"巨碑式山水"的启示，他将此启示总结成"水墨三款"，具体指山、水、树三元的交互关系——在五代，观山水之真意在于"山"，而不在"水"；至于水的发展是南宋夏珪、马远以后的事了；再看树（尤其是松树），更是李成以后才延伸发展到明清的创作主题。"山"发展于先，乃传统绘画中至关重要的一环。

再看风格，范宽作品往往以方折墨线勾勒轮廓，再借短簇如雨点的技法"雨点皴"和"矾头密林"呈现土石质感。范宽的作画风格被北宋刘道醇在《圣朝名画评》中评为"刚骨之势，不犯前辈"，似乎荆浩、关仝等五代画家都可被范宽代表；夏文彦在《图绘宝鉴》中谓之"峰峦浑厚，势壮雄强""落笔雄伟老硬，真得山骨"，范氏绘山总令人想起南宋画家李唐和刘松年的山水图卷，不过这二人都是后辈了。

中国古代艺术史上许多画家多与道教有着紧密联系。范宽嗜好喝酒和钻研道学，是北宋最有代表性的道教平民画家。

道教不等同于道家，道家是哲学，道教是源于阴阳家的民俗性宗教，魏晋文人之服食属前者，南宋画家之仙骨属后者。而范宽对道学的研究，多以自然为切入点，他热爱游艺于自然，写生后"重新创造"当地风景，因此他的画风在长期观察山峦风貌、自然景致中独创出一家面貌。

这样的分别，若追根溯源，还是写生训练上的差异。临摹作为古人作画的基础训练，真山实水的拜访是卷宗上得不到的心得感悟，由此发展出所谓"自体性"的力量。

当代水墨画家黄孝逵从《谿山行旅图》中看到了本地艺术家笔触中少有的"阳刚之气"，他表示："《谿山行旅图》是水墨画，却更像工笔，山、水、树每个细节都留意到。山的主体很大，行旅绝非主角。到了清初四王，山在构图中就变得小得多。当代水墨总是漂亮的、讲究的、工整的，时有野逸之作，却少有碑山之势。虽然和范宽一样严肃地对待艺术，少了范宽那样阳刚气质、大气磅礴之感。"

至于坊间流传的《谿山行旅图》出处之疑，台北故宫书画处处长刘芳如曾作回应，北宋年间编撰的《宣和画谱》记载，曾收录范宽作品五十八件，其中并无此画，可能是因为这幅画原名并非如此，推测今名应是依据董其昌之跋所订定。唯一可惜的是，"典范与流传"特展中《谿山行旅图》仅展出四十四天。不少观众感叹，博物馆若能一年中多些轮替就好了。只恐时不我待，匆匆一瞥难尽兴，一心只想将名画看真些。

原刊于《大公报》收藏版"汲宝斋"

2015年7月29日，B15文化版

范宽《谿山行旅图》借助推远主山凸显近景旅人　台北故宫博物院藏品

范宽《临流独坐图》，设色绢本，166.1×106.3厘米　台北故宫博物院藏品

叶承耀：攻玉山房　世外明园

　　尝净一室，置一几，陈快意书，放旧法帖；晌午而起，则啜苦茗，信手写汉书几行，随意观古画数幅……此般洒洒灵空光景，明代文人生活应如是，不知往何处寻？也许可到苏富比艺术空间的苏州庭园一探究竟。此处，收藏家叶承耀置器有道，策展人伍嘉恩怀古生情，明朝佳木配以瑟瑟古琴声，教人误以为置身"世外明园"。

　　叶承耀祖籍福建，爷爷是上世纪初最早来香港的一批移民，后来成为一名殷实商人。叶氏一门三代悬壶，曾经拥有九龙弥敦道几乎整条街的房子。一九六五年，三十二岁的叶承耀由美国哈佛大学学成医学博士返港，经营私人诊所几年有了些闲钱，跟着收藏古玉的五叔父、收藏瓷器的七叔父步入"收藏行"。后来一九七一年五叔父过世时，承继了其所收藏的古玉和书斋号"攻玉山房"（四字斋额由清代书法家伊秉绶所题）。

　　也是在上世纪七十年代，叶承耀正式成为"敏求精舍"的会员。"敏求精舍"是成立于一九六〇年的香港文物收藏家组织，吸纳会员的标准以"入会门槛高，会员少而精"著称。叶承耀曾担任过两届"敏求精舍"主席，首任主席是瓷器收藏大家胡惠春。在入手明式家具前，叶承耀也藏有胡惠春从上海带来的瓷器，他认为胡惠春等人的南下带来上海收藏界的品味——从挑选、购买到搬运、护养，重视收藏的每一细节。

"只收藏真品和精品，不要残品"是叶承耀常挂在嘴边的收藏标准，这一标准让他在规划收藏方向时放弃了在香港相对成熟的瓷器与书画，转而选择更容易形成个人收藏特点的明式家具。

　　一九八五年，叶承耀偶然看到三联书店发行的文物专家王世襄的专著《明式家具珍赏》，书籍出版时在香港举办了小型明式家具展，当时展出十组黄花梨明式家具和几件案头木器。叶承耀阅后立刻对这类收藏燃起兴趣，用三年实现"从无到有"的转变——他在一九八八年第一次踏入伍嘉恩在中环毕打行的嘉木堂，一九九一年便在香港中文大学文物馆举办"攻玉山房藏明式黄花梨家具展览"。

　　同一时期，叶承耀在嘉木堂购入的第一对藏品是晚明黄花梨攒靠背圈椅，由此开始了他的黄花梨家具梦旅。这张圈椅的两端不出头而直接连结鹅脖成为腿足，存世量比两端出头的圈椅少。后腿上段上承扶手，下穿过椅盘成为腿足，一木连做。两旁的三弯角牙造型更为罕见，精妙接入扶手。

　　"攻玉山房"目前共藏有古董家具藏品一百六十多件（套），小部分摆在叶承耀浅水湾家中，大部分储存在仓库。叶氏的明式家具收藏，起于香港明式家具收藏的鼎盛时期。在八九十年代初，香港是全球黄花梨家具的交易中心，本地行家众多，货品齐全，市场上的明式家具种类繁多，价格合理。

　　在蓬勃的大环境下，叶氏以"精""全"作要求建立起个人收藏系统。说来有趣，收藏界好友对叶承耀的评论总离不开这"精""全"二字。文博大家王世襄题四绝句予叶承耀，其中便有一句"从来异木同琼玖　攻玉原当爱美材"，赞叶氏"爱木"恰似"攻玉"。苏富比亚洲区行政总裁程寿康称其是严肃认真、精益求精之人，他医病的分寸像极了明式家具那讲究的造型比例。如果有病人不按医嘱吃药，叶医生骂起人来是毫不留情的。有人曾问叶医生"如果家内着火，会抱哪一件宝贝走"，这个"业精于藏"的耄耋老人竟选择一张晚明黄花梨插肩榫绿纹石面酒桌。

难道是因为罗汉床太重、架子床太大，故退而求其次？叶承耀说，他就是独爱这酒桌。果然，笔者在茶室中遇到这酒桌，第一眼即被面心绿纹石生动的纹理所吸引。在传世桌案中，插肩榫结构的例子远少于夹头榫结构，这件藏品桌面以标准的格角榫攒边，自然对榫卯结构提出更复杂的要求。

绿纹石板嵌入黄花梨木之中，石面本是易损之物，很难保存完整。若能见到长一百零六厘米的大理石面酒桌已属难得，今次展览一口气展出三件，从侧面反映出叶医生收藏的"精"与"全"。在茶室的拐角处，另放有两件同类的石面家具——规格稍小的黄花梨马蹄足彩纹石面香几、黄花梨绿纹石屉板小平头案。

然而，明式家具不是明清家具，有别于清朝色泽深沉、雕饰繁缛的紫檀家具。明晚期崇尚线条流畅、色泽温润淡雅的黄花梨家具，直到清初发生了变化，黄花梨传世数量越来越少，清朝宫廷于是一改明朝旧例，转以颜色深沉、注重雕饰的紫檀家具代替黄花梨。

如今内地有人到处寻料生产明式家具，舍弃传统的榫卯技艺，多使用便捷的工业化生产，因为从材质到制作过程相应产生极大转变，无论怎么做也再难达到明朝家具的美学水准——建筑式的结构美。

同场亦展出两件"攻玉山房"所藏紫檀家具——晚明紫檀马蹄足条桌、清康熙紫檀云纹牙头翘头案。两者均为线条简约、比例疏朗之物，尤其是紫檀云纹牙头翘头案，用手细摸，可感到嵌夹造型的细腻工艺，秀丽乖巧，不失风韵。牙头与牙板一木连做，需要宽大的板材，颇费用料，这种做法多见于宋代至明早期的家具。叶承耀接近九成藏品都为黄花梨，另收入这件十七世纪的"仿古作品"，亦有拟古、怀旧之意。

二〇一五年十月，这三十八件（套）家具在香港苏富比秋拍亮相，令人忍不住再叹叶氏收藏品相上乘：因为存相基本都是原装，多件精品是一木连做。叶承耀将转售家具视作"嫁女"，他曾在二〇〇二年纽约佳士得专场拍卖后感叹："我把自己的藏品一分为二，拍品中有很多是我耗费心血、精心收藏的，如今不得不忍痛割爱。所幸留下的一半中多有类似的替代品，所以我要保证无论是拍品，还是自己留下的那部分家具都能做到种类齐全，而且达到一定的数量。"

在一榫一卯之间、一转一折之际，黄花梨体现着中国古典家具之魂，促成叶氏收藏的功劳少不了"黄花梨皇后"伍嘉恩。嘉木堂是香港经营明式家具的代表，除了叶承耀"攻玉山房"的宝贝九成购自此处，比利时"侣明室"主人巴盖（Philippe De Backer）的收藏亦是依靠嘉木堂来建立。

自上世纪三四十年代，很多外国学者在北京教学，他们对明式家具青睐有加，这一时期被伍嘉恩视作明式黄花梨家具收藏的第一个鼎盛阶段。她曾阅读德国学者古斯塔夫·艾克（Gustav Ecke）在一九四四年出版的《中国花梨家具图考》（Chinese Domestic Furniture），这是首部将明式家具当作一个独立的艺术门类介绍给全世界的著作。

实际上，黄花梨最吸引人的地方在于其如雕塑般的典雅形象，在兼得实用价值之时又具多元性，造型雄浑凝重，线条简约流畅，又很朴拙，令伍氏对此深深着迷。在一九八七年，伍嘉恩买进一件黄花梨衣架，三年后出让给叶承耀，谁知等到叶医生调整藏品之时，这件衣架重新在纽约佳士得上拍，结果被伍嘉恩成功购得。谁料，叶承耀对这黄花梨衣架念念不忘，于是又从嘉木堂购回。这一买一卖，再卖再买，竟是在两人间来来回回，情缘不言而喻。

漫步在家具陈列而成的明式庭园，真切感受到步移景异、曲径通幽，足使人超然远举，与古人游。这庭园以圆门、八角门、花瓶门延伸出空间层次，巧用借景、框景营造长廊曲径，凸显出三十八组明式家具完美的比例与流畅的线条，便可谓是让古物跨时空融入现代生活的最佳方式。

原刊于《大公报》收藏版"汲宝斋"

2015年8月26日，B19文化版

叶承耀与其所藏的"攻玉山房"明式家具，
匾额由清伊秉绶所题　香港苏富比拍卖行供图

叶医生挚爱的晚明黄花梨插肩榫绿纹石面酒桌，于二〇一五年香港苏富比秋拍中以两千五百二十八万港元成交　香港苏富比拍卖行供图

荷李活道有两个"老古董"

二○一五年四月，由《东方艺术杂志》（Orientations）举办的第二届香港东方艺术周如期而至，十九间本地古董商铺、艺廊参与其中，集体开放给公众参观。观者可一路沿摩罗上街行至荷李活道，自觉仿佛置身时光机中，不觉间"穿越"到了西周或明清……笔者亦与本地古董爱好者结伴而行，在与两位古董行主人茗茶论道后，仔细回味香港古董行业三十年变化。

冯英柱（Martin Fung）在上世纪七十年代初入行，后于一九七六年创办古董行东风堂。他回忆当时是跟澳洲古董商Ian McLean学习古董经销之道，而McLean正是最早将古董行开设在中环置地广场的人。

东风堂主人　独爱漆器

七十年代，香港收藏界盛行"古董行—藏家"直接对接的方式。换言之，活跃在艺术品买卖中的人不是行家就是藏家，尚未有拍卖行介入。"那时我在McLean店里做学徒，常光顾我们古董行的客人主要是律师、医生、银行家。"冯英柱说。

在那个空运不如海运发达的年代，年轻的冯英柱要去哪里进货？进货的方式又如何？冯氏回忆，在七十年代香港的古董商是

"组团"（以香港艺术品商会的名义）北上挑选古董。"古董艺术品多来自'四大口岸'——上海、天津、广州、北京。"

令冯氏印象深刻的是，每次到内地"选货"时，内地口岸都会派"专员"来接他们。交易过程中，若是香港货商看上一件古董，这件"宝贝"就要在三个专业人士的许可下方可出口。为使古董辗转南来香港，古董商还需要办理"信用证"来进行担保。可见进货手续之麻烦。

冯英柱说，在这将近四十年中，东风堂可谓见证了香港收藏圈收藏习惯的变化。他认为，这是一种由大众化收藏向民间典藏转化的过程，也可被视作古董行把部分交易权利转交给拍卖行的过程。

一九八二年，冯英柱将进货地点扩至欧洲与东南亚，他说这一改变也和七八十年代香港风靡的"中国风""亚洲风"有关。他致力于为客人提供能够配衬其室内装潢风格的藏品，于是买来不少东南亚的佛像、泰国的铜佛、柬埔寨的石雕，冯氏也会在推荐艺术品的同时涉猎室内设计的工作。其做法当时被同行称作"新派"，但在冯氏妻子眼中，他们这个"新派"就好比香港古董行中的"Gucci"。

东风堂以收藏漆器闻名，仅此一类，冯英柱现存逾一百七十件藏品。漆器与陶瓷、纺织、绘画一样，从新石器时代走来，历经商周发展至明清，就漆器本身的制作难度、工艺流程和存世数量而言，它具有相当高的历史、艺术价值。但遗憾的是，漆器收藏在业界仍未得到足够重视。"漆器的价值在市场上被低估了。"冯英柱不由得感叹。而漆器在市场上被低估由来已久，沈从文在抗战后寓居云南时，特别留心于西南文物中一些为历史和现代学人所忽略的东西，当中所指的主要是漆器。

谈到漆器飞扬的纹饰、金漆镶嵌的工艺、别致的造型，冯英柱索性让其子取出清乾隆剔红海水云龙纹九龙宝盒。"别小看这个漆盒，它需要二十种全然不同的工艺来完成。"冯氏亦称，在清乾隆时期，雕漆已达巅峰，与此盒相若的艺术品皆存放在世界级的博物馆中。

再看此盒的造型，观者可察觉其端庄稳重的气质。器身通体排布海浪纹，映衬出盒中央骁龙威猛矫健的形象。九龙宝盒纹饰紧凑、刀工细腻，工匠运刀如运笔。盒底刻有的"大清乾隆年制"款将其"尊贵的皇族身份"公之于众，证明此件漆器出自清宫养心殿造办处的官办作坊。

据中国第一历史档案馆保存的《造办处各作成做活计清档》记载，养心殿造办处内分成不同的"作""处""厂""馆"，负责清宫日常各作（金玉作、匣裱作、珐琅作等）制作、承修物品等事宜。单雍正一朝漆器制作的主要"作"便可分成数种，包括"漆作""油漆作"，间有"木作""杂活作""记事录"等。

在东风堂内，另一件令冯英柱称赞有加的漆器，当数明万历剔彩天下太平盒。冯英柱说，万历漆器是漆工艺史上另一个重要阶段。此器上手时令人顿觉质感厚重，漆层厚且醇，锦地纹饰细腻。盒内与盒底的黑漆因经年累月而起了"蛇腹断"（漆器表面常出现的一种断裂），更显其存世年代久远。台北故宫博物院现藏一件同类纹饰的剔彩长方盒，苏格兰国家博物馆也有相仿藏品。

这件器物也令人回想起二〇〇一年香港佳士得拍卖的明永乐剔红牡丹花卉漆盒。起初该漆盒的估价只不过一百二十万至一百六十万港元，谁料在拍卖中却迎来众多买家竞逐，价格一路飙升至一千二百一十四万港元的成交价。

从事古董行业时间久了，冯英柱的朋友中除了常"切磋技艺"的圈内人，也有不少藏家，经常光顾东风堂的名流便有香港作家董桥。"藏家和行家很不同，知识不会太专业，我往往会先引导他们，以欣赏小物件来'开窍'，不谈价钱，只谈趣味。"

时至今日，冯英柱仍坚持亲力亲为去搜罗奇珍异宝，他也早将"寻货"当成习惯。和许多行家一样，冯氏也曾因与一件心仪古董"擦肩而过"而懊悔不已。所以，他现在看到好的东西，不会再因价钱太高而"按兵不动"。

古城主人　高古瓷中寻古

上环荷李活道上，与东风堂相隔不远的古城艺术品有限公司（下文简称：古城），由李文成在一九八九年创办，专营中国陶瓷与金银器。如今李文成的古董行拥有两层陈列室，他将部分经营事务交予儿子李应聪处理。

李文成说，传统的古董行经营主要是家族式的，货品也是代代相传。他在上世纪八十年代末开铺之时，荷李活道上许多店铺都布置得十分简单，不注重装修、摆设，买回来的货品有时就堆放在地下、阁楼。

这三十年一路走下来，他自觉香港古董行业愈来愈繁盛，这与中国市场的活跃有关。如今，古城所接触的买家、藏家近九成都是中国人，其中有一半来自内地。"这些藏家收藏各取所需，他们按照地域不同表现出不同喜好，例如苏浙一带的可能钟情龙泉窑，陕西来的就会偏爱青铜器。"李文成说。

谈到收藏，李文成说不会多藏，他情愿将最好的货品给客人：

102

"我们是行家，自己收藏不到，也不允许自己有丰富藏品。"在古城艺廊二层的展品中，林林总总摆着式样考究的高古瓷器、竹雕、佛像及金银器，在众多器物当中，李氏最中意的还是高古瓷。

高古瓷是一个与明清瓷器相对的概念，通常指的是元代以前的瓷器。高古瓷的价值在于，一是器物年代久远，不易获得；二是神韵、变化都比后世瓷器丰富。入土几百年的器物，釉层内部的釉泡大多数表现为多形态、多层次的颜色。李文成以金代磁州画荷花双系瓶向笔者介绍，衡量古董价值有四个先决条件：看设计、看制作、看工艺、看保存条件，像这件磁州画荷花双系瓶就要看"黑釉够不够黑""花纹够不够清晰明朗"。

金代磁州画荷花双系瓶是典型的磁州黑釉瓷，此物一改前朝瓷器以刀在瓷胎上刻画的奔放笔法，转以娴熟的绘画技巧，表现浓郁的乡土气息和蓬勃的生命力，符合磁州窑简练流畅的造型特点。瓶身的纹饰为荷花纹（亦称莲花纹），寓意高雅圣洁，也迎合了花卉纹所赋的吉祥主题。

就在金代磁州画荷花双系瓶的不远处，摆放有一对体型硕大的青铜器。询问之下，李文成介绍道，这是西周时期的一对蛟龙纹大铜方壶，是他几年前由欧洲购入的，价值不菲。但即便如此，李文成却认为："买古董绝不能孤寒吝啬。"

至于这对蛟龙纹大铜方壶有何特别之处，李文成分析称，这也是一个颇具年份性的器物。首先，它们是西周时期最常见的青铜器（鼎与壶）之一。有耳之壶的发展，使其取代了卣和觯，成为当时社会的主要铜器。此时期青铜器的另一特点是器型偏大，这对大铜方壶亦然，体型高过半米，与高九十三厘米、重二百零一公斤的大克鼎有"异曲同工之妙"。

二〇一五年是古城第二次参与香港东方艺术周。两年间，李文成越发觉得古董行已成为香港经济的"晴雨表"，经济好，古董交易就好。同时，他也预测随着中国经济的再腾飞，香港古董行业发展的前景将进一步扩大。究竟可以扩至多大？我们不得而知，但唯一肯定的是，荷李活道的古董行们将会参与其中，做些贡献，也分"一杯羹"。

原刊于《大公报》收藏版"汲宝斋"
2015年4月22日，B15文化版

清乾隆剔红海水云龙纹九龙宝盒，
背后有"大清乾隆年制"款　东风堂供图

明万历剔彩天下太平盒　东风堂供图

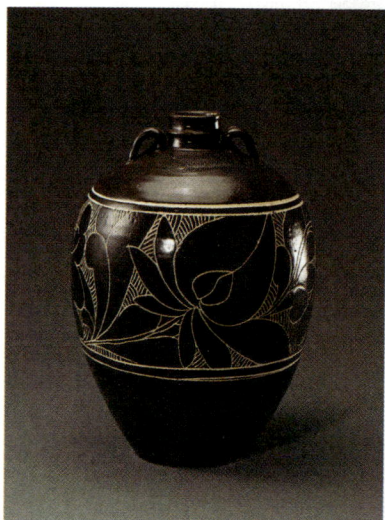

左图: 金代磁州划荷花双系瓶　古城艺术品公司供图

右图: 西周蛟龙纹大铜方壶　古城艺术品公司供图

希克：四十年著一本当代艺术"百科全书"

　　自二〇一二年六月十二日，M+视觉文化博物馆收到了建馆藏品，瑞士籍国际著名收藏家乌利·希克（Uli Sigg）的捐赠涵括了来自三百二十五位中国艺术家的一千四百六十三件作品，此外，M+更进一步自希克博士的收藏中购藏四十七件。二〇一四至一五年，"M+希克藏品"先后在瑞典、英国巡展，今年二月二十二日它首度于香港展出。展出的八十余件藏品向观众诉说着过去四十年中国艺坛发生的骤变，不断延展的除了艺术家的创作方式、意识形态、个体经验与集体回忆……彳亍着走过质疑、彷徨的岁月，中国当代艺术将迎来怎样一个崭新的时期？

　　周婉京（下文简称"周"）：你将自己视为"研究者"而非"藏家"，从中国内地"文革"时期（收藏的一个部分）到二〇一二年初，你的研究方法发生了怎样的变化？通过和艺术家建立的关系及对中国当代艺术的理解，你的研究目标如何随着时间而变化？

　　乌利·希克（Uli Sigg，下文简称"希克"）：我在上世纪七十年代末来到中国，当时创立的公司后来成为内地第一家中外合资企业。我寻求的是能更广泛接触到中国人生活现实的途径，而非只做一名外国商人，所以我对中国当代艺术的学习给予厚望——尤其是在我已经对当代艺术有很深了解的情况下，虽然这种了解是对西方的，但有多年。我觉得这些东西并不能激发我。以西方人的眼光来看，我发现像是星星画会和早期艺术作品算是西方艺术的衍生物。然而，在整个八十年代，我看到中国艺术家逐渐找到了他们自己的语言。在此期间，虽然我阅读了大量的材料，却没有和艺术家碰面。相反，我以一个好奇的私人藏家的身份降落在一个不成熟的艺术运营机制上，而且尚未找到自己所觅之物，我想要找的是全球当代艺术的前沿作品。到了九十年代，在意识到除了随意性的购买没人收藏中国当代艺术后，我摸索出一套系统性的研究过程。

就此一点，我采用了我和西方博物馆相处中学到的一个策略：建立一个百科全书式的收藏（an encyclopedic collection），由中国内地最早期的当代艺术一路至今，正如西方机构所做的那样。我通过原始资料获取知识，通过我在艺术圈建立的关系网造访数以百计的艺术家。重要的是，我也创立了"CCAA中国当代艺术奖"（Chinese Contemporary Art Award），这让我可以积累大量的资料，不只透过我的视角，更通过富有经验的中国、西方策展人的眼睛加以呈现。

与此同时，我开始了倒叙收藏，从早期作品收藏到"文革"时期的一组重要作品。为了完成这件事，我依靠了我在中国当代艺术上所做的研究、我对西方当代艺术的认识及我植根于中国现实和文化的深刻体验，后者是我通过和中国人商贸与外交事务上的频繁交流所得到的。也许，我的回答看起来冗长，不过这个有关合理性的问题长久以来不时出现，以此来问一个古怪的外国人是基于何种情境下才会建立起这个全球最全面的中国当代艺术收藏。

张伟作品《福绥境公寓》出自艺术家于"无名画会"一九七五年举办的
第一场展览，通过研究藏品，这次展览将中国当代艺术的
开端定在了一九七四年　M+视觉文化博物馆供图

周：M+视觉文化博物馆拥有的一千五百一十件艺术品以收藏的绝对规模和对中国当代艺术史的全面性表现产生了相当大的影响。你第一次造访中国时的印象如何，同时什么作品成为你的第一件藏品？在你尝试理解中国历史背景的时候，遇到了什么困难？

希克：中国当时是一个和现在不同的大地，当时艺术家和我个人的生活、工作方式皆与现在大相径庭。对此问题的回答，应可自成一本书。第一件被我收集的艺术作品是一位女性艺术家的作品，后来她完全在艺术风景中消失了。而实际上，我对一些艺术的历史背景有解读困难。我对伤痕艺术不太关心，我没有意识到它是一个重大的进步——从描绘表现社会主义现实主义中应有的世界，到绘画真实的过往。从全球当代话语的视角来看，这些作品当时显得太平庸。然而，我后来发现，它们对中国艺术史很重要。

周：坐拥一个如"M+希克藏品"这样著名的中国艺术收藏，意味着要同数代、不同地区的中国艺术家中几乎所有的领军人物建立广泛的交往并保持联系，你是如何凭一己之力应对这一切的？

希克：我认为亲力亲为去做这件事很重要，因为我的最终对象曾是，现在依然是中国。只有通过和艺术家的直接互动，我才能了解他们对中国的看法，并为收藏做出有根有据的决定。此外，当时真的没有另一种方法去实现这件事，因为贯穿九十年代的大部分时间，没有到位的画廊系统，没有互联网，没有书。而对我来说，收藏从来不是买卖结束、关系终结这么简单。就其本身而言，在艺术界中拓展网路和我的数次专业旅行，都对这个收藏的成功做出贡献。建立收藏即意味着一个结束。至今，它一直是一个独特的旅程和冒险，以许多方式丰富了我的生活——并且吸收生活中的大事小情……

周：在你的收藏初期，当时中国艺术市场尚未成熟，多数作品都未显示出它们的商业价值。你是如何在艺术家的作品中辨识哪些具有代表性？

希克：我想这是作为研究者、收藏家所具备的技能。辨识这些代表作的能力源自研究上的苦功、个人接触、语境知识，加上某种程度上的直觉。为了成为一个好的收藏家，我不仅仅需要同时掌握这一切，仍需要找到这些作品、尽可能做出最佳选择、说服艺术家出售、协商一个价位——虽然不合理的或完全疯狂的价格预期也许已然出现了。其后，考虑到二○○○年后的市场节奏，能够快速做决定是很重要的，而且要坚持拒绝的原则——这是当你条件有限时遭遇的情况，和我曾经历过的如出一辙。的确，在早期，没有飞涨的或不成比例的市场定价，曾模糊了众人的想法（blur anyone's mind）。

周：你怎么看待苏富比对"M+希克藏品"中的两部分所做的评估？你认为一些作品的价值被低估了？

希克：是的，一些作品的价值显然被低估了，这好比是保险金（premium），拍卖前买家在入场交易时都需缴纳的，此举不只是为接触重要的中国当代艺术，同样也为接触西方博物馆例如纽约现代艺术博物馆（MoMA）和泰特美术馆（Tate）中的那些珍藏。但我觉得苏富比做了一个扎实的工作，他们需要评估的许多作品没有一个拍卖价值，而且做评估的目的在于为一个捐赠划定价值，这有悖于征集一场拍卖会的初衷。另外，我们现在是事后回顾——已经过了四年！单单试试从现在起，评估四年后的当代艺术市场！

周：出于怎样的考虑，你觉得"M+希克藏品"将影响中国当代艺术环境，可否反作用于中国的文化政策？

希克：这是一个高度复杂的问题。首先，再过三年，"M+希克藏品"才会以一个实质的方式推出。只有一个大型艺术馆才能完成这个收藏的目的，为的不只是单纯展示杰作或个体艺术家的态度（也可以这样做），然而，更是将中国内地当代艺术的情境广泛、深刻地表现出来。基于此意，它将成为一个启示（revelation）。它也将展示概念态度及在中国从未展出的和个人作品。总而言之，它将大大有助于仍在书写中的中国当代艺术大典——在这个过程中，融合了全球化、本土化的视角，通过纯粹的学术、非常个人的动机以及市场利益驱动下的各路人马，纷纷上演。但这仍需通过许多大型的展览来实现，遗憾的是据今仍有多年距离。

至于中国内地文化政策的制定，多年来关于"软实力"的发展契机不断，而且中国海外形象想要如何被呈现的问题变得更核心。官方不满意此形象通过当代艺术加以表现，因为许多当代艺术展现了他们不希望外界看到的中国形象，尤其是呈现有悖传统价值观、进行社会批判的艺术作品，而非创作传统中国范式的美与和谐。因此，"M+希克藏品"也许将不会影响当局的各部门，但它会对中国内地的观众产生深刻印象。这一点我可以从多年来希克收藏的各大展览中确定地得出。

周："M+希克藏品"涵盖了数代艺术家的作品。你对正处于职业生涯中期的中国艺术家有何看法？他们是否尚能以一种创意的方

"M+希克藏品"（捐赠部分）藏张晓刚一九九八年作品
《血缘——大家庭17号》 M+视觉文化博物馆供图

式推进自己的艺术创作？而对年轻一代的中国艺术家及其"媒体创新"，你又作何看法？

希克：一些职业生涯中期的艺术家会继续发展，一些不会，这一情况全球普遍。当然，他们中的许多人曾从事"政治波普"，因而获得思想及名声。这个系统如今灵活了许多，某种程度上对依附于它的艺术家来说，创作作为一种抵抗的手段已经结束。所以艺术家需要营造一个新的环境，不是很多艺术家能够带着二手、三手的思想来迎合市场的需求。然而，在一生之中拥有一个伟大的艺术思想已经是一个莫大的成功了，并值得我们尊重。许多年轻艺术家都全心全意地投入到新媒体中，他们中的部分人相当有创新理念。就我个人而言，我不会对西方艺术家中已广泛运用的简单再造或回收媒体图像而过度兴奋。

周：有些艺术家会将你作为他们作品的"灵感"或"参考"。你怎么看自己在他们作品中的艺术性"现身"（presence）？

希克：有一些作品，我涉及了艺术创作过程，一些我可能由一件委任作品发起，而另有一些可能是受益或受害于我与艺术家的谈话。无论我的投入如何，这不过只是建议，艺术家的创作可以采取或忽略我的建议，他们享有充分的自由。

周：大约在二十年前，你创立了"CCAA中国当代艺术奖"，你也曾表示这个奖项将会促进"中国艺术的运营机制"。迄今为止，你认为这个奖项对"中国艺术的运营机制"有怎样的促进？另外，希克收藏在这一机制中起到怎样的独特作用？

希克：我的目标是双重的。一方面，"CCAA中国当代艺术奖"

将西方艺术的"看门人"（gatekeepers）作为中国艺术在西方推广的一种媒介，令策展人将中国艺术家囊入他们的全球项目；另一方面，它旨在刺激中国内在的话语，讨论何为有意义、何为不太有意义的当代艺术。中国当代艺术如今在全球舞台上广泛展出。作为我们会议中所获得的知识成果，评审委员会的很多人都曾在他们的双年展及其他全球性的主要展览中呈现中国艺术家，例如卡塞尔文献展（Documenta）。

许多中国艺术家可以借此拓宽他们的视野，并以此令许多西方画廊对中国感兴趣。我们亦已出版书籍、策划展览，并创立了先锋的"CCAA中国当代艺术奖评论奖"（CCAA Art Critic Award），引起人们注意中国艺术运营机制中独立艺术批评的缺失。我们的总监刘栗溧（Anna Liu）开设了一个名为"CCAA Cube"的新空间，并以此进行着一个有为的图书馆项目。各种各样的活动中像是奖项就已被他人模仿，这证明了我们具有影响力！展望未来，我们将寻求合作伙伴来确保CCAA的长远发展。无论何时，我都将我的收藏和CCAA及它的独立评审委员会清楚地区分开。如果我余下的私人收藏启发了别人的收藏方式或捐赠方式，那么它就实现了它的目的。

周：一个有趣的争论是，全球化和与日俱增的全球艺术品交易影响着中国当代艺术家。据你个人的观察，艺术家如何从中受益，而他们在艺术上又做出怎样的妥协？

希克：在资讯与艺术语言的使用上，中国艺术家落后于西方艺术家的"时差现象"已经消失了。对那些最优秀的艺术家来说，同时拥有这些条件为他们的创作提供了丰富的灵感，虽然对二流和三流艺术家而言，这意味着混乱。然而，任何艺术家必须将这些条件成功转化为艺术作品。有些人选择跟随世界的主流艺术，而另一些人则选择不同。任何一种方法都很不容易，而且都有可能失败。我仍然认为，中国社会以其庞大的矛盾和多元的发展，为灵感的萌发提供了极其肥沃的土壤。

周：目前你的私人收藏还有多少件？为何选择保留这些作品？近年来，你在收藏上的品味有发生转变吗？

希克：我目前拥有大约七百件艺术品。人们可能会错过收藏的真正含义：致自己。捐赠藏品是一个例外。至于我的收藏品味，它变得更广、更包容。我从百科全书式的收藏模式中获益匪浅。

周：你的收藏对M+视觉文化博物馆的意义非常。你和博物馆的关系是如何有利于你个人的？能否描述一下迄今为止，这种双向关系是如何发展的？

希克：到目前为止，它都发展得很好，我心怀敬意和感激。在这个展览的开幕之际，许多陌生人激动地走向我并向我致谢。我期待着与M+下一任总监发展良好的关系，正如我与李立伟（Lars Nittve）形成的那样，他现在在为这个项目担任顾问。M+会否继续致力于建立它在中国当代艺术上的领先地位抑或它将稀释这一优势，都会对"M+希克藏品"的全景展示十分重要。如今评判为时尚早，但这也是我评判M+未来能不能成功的方法。

周：这次是"M+希克藏品"的香港首展，你就展场ArtisTree的空间使用和策展框架，曾给予M+团队任何指南或建议吗？

"M+希克藏品"藏黄锐一九七九年作品《圆明园新生》
M+视觉文化博物馆供图

希克：我没有参与这个展览的策展。它是由皮力策划的，而在我看来，虽然空间很有限，他已经做得很好！

（此对谈以笔谈形式在二〇一六年一月至三月进行）

英文对谈原文刊于《Yishu》（典藏国际版）2016年5/6月，

中文版对谈原文刊于《典藏·今艺术》2016年4月刊

"抽象"和"挪用"交错而成的中国当代艺术反思

　　"抽象"和"挪用"大抵是艺术领域最难以解释、阐述、描绘的宏观叙事命题，上海当代艺术博物馆时下正从这两次词汇切入中国当代艺术，一方面阐述边缘化位置上的中国抽象艺术，企图填补因苏联的具象美术影响而产生断裂的时代；另一方面，站在商品化潮流下审视挪用艺术的产生，为带有贬义色彩的"山寨"文化产物寻找颠覆力量。在此之中，中西相左的语境成为讨论前提，具体到个体案例不料衍生出更多有待厘清的定义。

"断代"隔断抽象创作的基础训练

　　纵观近三十年中国当代艺术的发展，抽象艺术总处在一种边缘的位置上，在市场上不如具象、表现主义艺术受欢迎，在国际双年展上不如"政治"波普引人重视，由此中国内地学界许多理论家对"抽象"的定义颇有微词，发酵出"意派""气韵"等同类型的研究题目，亦有人将抽象主义、抽象派、抽象艺术的概念相互混淆。这些人质疑中国不具备抽象艺术的传统，或是站在西方的角度上审度中国抽象艺术存在的合理性。

　　正是处于这样一种大环境下，"时空书写——抽象艺术在中国"由时任上海当代艺术博物馆副馆长的策展人李旭在约两年前提出，同时被提出的还有"中国艺术西方化"的问题，李旭认为画得像西方人的欧美风格作品并不是本土抽象艺术该遵循的一条道路。

梳理中国抽象艺术的脉络，站在上世纪五十年代开始建立的苏联式的具象体系进行反观式探讨，是较为基础的一种入手方式。五十年代，美术只有依靠写实的手段才能达到思想宣传工具的目的，从教学到实践，具象均是系统中的一套秩序，在李旭所经历的八十年代中央美术学院，他称纯粹做形式实验的艺术尝试在其读书的年代被冠以"大逆不道""离经叛道""腐朽"的名号。或用艺评家苏立文（Michael Sullivan）的描述，那时中国的主流艺术教育关注"画什么"而非"怎么画"。换言之，内容必须符合宣传需要。

虽然早在上世纪三十年代庞薰琹与决澜社成员已经开始就"中国学术现代化，外国学术中国化"的主张采取近似抽象的艺术探索，将写实和变形结合起来，但因抗日战争等原因未能持续下去，而这部分探索亦未能被美术史详尽收录。李旭认为，抽象艺术的"断代"状态除了和具象绘画的倾向有关，亦反映着艺术家对中国传统民族审美的反思不够，例如北宋以来文人画对书法的要求被舍弃，过去文人训练中"诗、书、画、印"四位一体的要求作为抽象创作的基础却在此时期被"连孩子带脏水"一起泼掉。

"源于书法，不写书法"的抽象理解

时至今日，李旭反观"中国抽象"，总结它为两条河流的交汇，一是中国古代的抽象审美，这是源流；二是一九三〇年起开始进入中国的西方抽象艺术。然而后者直到上世纪八十年代才被更多国内艺术家认识，艺术家在学习初期难免要先模仿西方，在接下来的三十多年中逐渐演变成一种带有民族审美和自身风格的抽象习惯。

中国古代的抽象审美中，书法所具的代表性可以从东晋卫铄的《笔阵图》、王羲之的《兰亭序》、唐代孙过庭的《画谱》中窥见，除了利用自身的点画、结体、章法塑造出丰富图像库，书法也主动和绘画产生关系，后在古代文人群中兴起"书画同源"的追求。

抽象艺术是晚熟品种，并非少年天才通过朝夕领悟可以获得。故而，展览的名单上载有"四〇后"至"八〇后"多个时期的代表人物，包括：余友涵、王怀庆、梁铨、谭平、丁乙、王璜生、施慧、江大海、薛松等人。虽然艺术家选用的创作方式涉及水墨、油画、雕塑、装置、摄影和录像，却都是围绕着书法与抽象艺术关系来进行探讨。

在展厅中，先和观者碰面的便是画家余友涵的作品，余友涵自一九八〇年开始尝试抽象画，圆成为其抽象的基本形状。为了填补圆中间的空间，余氏结合当时所练的吴昌硕的《石鼓文》，形成一些毛笔风格的点与线条，时至今日年此类油画创作仍在继续。

书法虽然是切入方式，"时空书写"却非书法展，而是一个抽象艺术展。在命题时，展览要求艺术家不能写书法，只能运用书法内在的"意、韵、气、势"来展现对抽象的理解。

再看王怀庆的《纵横》，长超过两米的画面涵盖了染色的木材碎片，绘有张弛有序的挥毫笔触。而丁乙作为上世纪八十年代末期从事抽象书写的"先锋"人物，在椴木板上进行颜料的多层叠加，之后以锐利刀刻将其划破，按长线、短线、点状分开，在颜色基调与材料肌理的变化中展现类似道教自然万物循环生长的逻辑。

值得注意的是，此次展览所言的"抽象"不同于赵无极、朱德群作品中的抒情抽象，也并非强调意象与象征，李旭笑称他讨论的抽象是"裸抽"（或称"纯抽象"），这和西方艺术史上将树抽象成几何图形所经历的"四个步骤"有很大不同。在本土语境中，抽象的来源不是单纯取自自然界，不是将事物简单化、几何化的处理，反而和中国的造字法则、书法本身的气韵笔势有直接联系。书法中的表意系统是被抽象提炼过的，艺术家在形而上的基础上再走一步，有别于从形而下的基础上提取出形而上的东西。

"Copyleft"作为对抗"Copyright"的他者？

因为接下来大量的西方艺术会走进来，抽象在未来的机遇也很多，而同时纯粹画西方抽象的人来说会面临挑战，表现西方抽象、冷抽象、几何抽象的作品将会没有出路，因为它不具备太大的本土文化价值。同样是使用宏观叙事来研究某一个较为热点的当代话题，与"时空书写——抽象艺术在中国"同期推出的还有"Copyleft：中国挪用艺术"。

"挪用"展览以本雅明的《机械复制时代的艺术作品》为参照分别论述临摹、挪用、山寨三个现象，作品数量较"抽象"展览更多，也不像后者那般专注于书法的切入点。但是很可惜，讨论框架未能摆脱二元对立的束缚，古今比对、中西比对反倒揭露出挪用艺术在中国实践的复杂性。试问，只将"Copyleft"当作口号一样喊出来，足以建立起相对"Copyright"而存在的一个他者形象，或是带出一个具批判性的全新话语方式？

答案可能是否定的。回到"挪用"（Appropriation）字眼本身，我们不难发现中西语境的差异，西方后现代主义艺术所提倡的"挪用"旨在对现代主义的"原创性"进行挑战、颠覆，阿比盖尔·

所罗门·格杜（Abigail Solomon-Godeau）曾论述挪用被使用的范围之广可令"艺术中所有图像都是引用语和挪用物"，那么这种挑战也就"无处不在"。中国内地的艺术环境并没有经历由现代向后现代过渡的阶段，挪用艺术被简化成临摹、挪用和山寨，三种分类间却界别模糊，也不应与本雅明提出的"因机械复制而光韵乍灭的艺术品"相互类比，因为被挪用者和挪用者不一定是机械式生产的艺术品，临摹和山寨又不等同于挪用。

　　至于艺术家展出的作品，邱志杰、倪有鱼、李青在三种"挪用"类型中兼得两个类型并分别出现在两个展厅，观者看到临摹、挪用和山寨三者在概念上互有重叠的部分。以邱志杰为例，在展览"临摹"部分展出的是他的书法、影像作品《重复书写一千遍兰亭序》，作品强调在不断重复书写的过程中文本的文字性被抽离，取而代之的是墨的视觉积累，如果将《兰亭序》当作日常物一样的几千个字，此件作品也可被当作是"陌生化"原物后的一种挪用行为，因为它正是别有用心地挪借原件的元素，拨归另一用途。

观者的辨识赋予"山寨"意义

　　而在"山寨"部分展示的是邱志杰的《梦境》系列，是艺术家继二〇〇四年"社会肖像"展览后的另一将摄影当作田野采集工具之作，拍摄的是中国内地各地的假"白宫"与假"天安门"。乍看类似地标景观的建筑经不起观者的审度，在细节上"露出马脚"，但是如果我们再思考便会发现这样的"山寨产物"是经济发展所需要、所产生的一个必然，居住在小城市的人不能轻易买火车票去北京或坐飞机到华盛顿参观真实的建筑，那么建造者满足了他们的想象，邱志杰将这种想象进一步视觉化。然则这样的建筑并不一定"山寨"，倘若建筑本身已非"原创"，艺术家的再现也和复制的概念相去甚远，"谁山寨了谁?"的问题更加难以言明。

山寨一词要想和艺术品产生联系，就不得不谈艺术品在商业社会中的价值问题，这时，真与假的判断权可能掌握在观者手中。

台湾艺术家钟兆刚假扮策展人，透过"非艺术学院学生"所仿制的一批"学院派艺术家"作品，被仿制者包括徐冰、张晓刚、王广义、岳敏君，只不过这时候他们的署名变成"徐兵""张小刚""王广益"和"岳敏军"。

观者的观看基于对真实作品的了解程度不同，进而产生能够去伪存真的能力，所以当"可口可乐"被写成"可日可乐"时（韩峰《中国制造》系列作品），几乎所有人都能在对比中辨识出问题，但当王广义画作被署名成"王广益"时，一眼能看出真假差异的人相对要少得多。毕竟，原画作不会被当作日用品一般使用，它自然也会被消耗的，但被主要收藏在某位藏家家中，以非公众、不那么热烈较的方式被"消耗"着。

山寨的本意，再次回到商品与艺术品的关系上，在利益的驱使下，越是商品化的艺术品可能就越容易被辨识，这些艺术品被其他人挪用的机会也更大。随之，带出一些展览之外更深层次的讨论——艺术家将作品当成商品，是否出于有利可图的目的进行借用?如果艺术家不是故意借用，这样的挪用是否就能合理化地存在?

值得反思的是，"山寨"对于"挪用"的意义恰恰来源于观者分别出真假的一瞬间，那个会心一笑。然而，当观看建立在个体经验、记忆之上，经验和记忆中充斥着无法辨识的挪用成分时，伴随"山寨"记忆而产生的新的挪用应当如何计量？也许只有当下正在发生的艺术创作和观者的思考，才是挪用内涵应该延展的方向。

原刊于《典藏·今艺术》2015年7月刊

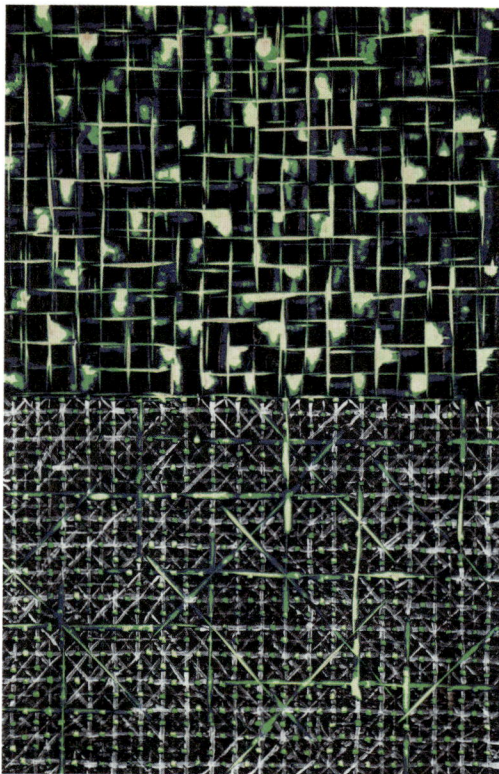

丁乙二〇一五年作品的草稿《十示2015-B1》（局部）中能看到
艺术家近年尝试的斜刻实验，通过多次刀刻，将底色
与木板显露出来　艺术家及上海当代艺术博物馆供图

邱志杰一九九〇至九五年作品《重复书写一千遍兰亭序》
艺术家及上海当代艺术博物馆供图

冯博一：就地取材，造一个乌托邦出来

由文化乌镇股份有限公司主办，陈向宏发起并担任展览主席，冯博一主策划的"乌托邦·异托邦——乌镇国际当代艺术邀请展"二〇一六年三月二十七日至六月二十六日在中国乌镇举行。继"乌镇国际戏剧节"持续举办和木心美术馆开馆之后，乌镇开始借视觉艺术的力量来触摸当代思维中最活跃的部分，于是便有了"乌镇国际当代艺术邀请展"。主题并置了"乌托邦"（Utopia）与"异托邦"（Heterotopia），而非"乌托邦"与"反乌托邦"（Dystopia）。当将乌托邦和异托邦摆在一起时，我们会察觉到两个空间的隔断与关联，在这异质空间里，人可透过现实世界与此空间所产生的对比，与主流现实进行对话、批评。

周婉京（下文简称"周"）：每一个展览可能都有自己的一个调性。作为主策展人，你怎么看待今年首届乌镇国际艺术邀请展的调性？

冯博一（下文简称"冯"）：所谓"调性"，我特别明确是两点：第一点，乌镇它没法跟"北上广"或者其他的大城市比，它也不是一个美术馆或艺术中心，所以它首次做这样一个大型展览，相对而言是不成熟的。我当时就想，这个展览靠什么来吸引人？那我当时想办一个比较规范的、符合现在所谓的国际性大展的最基本的情况。那么，我就更多地希望邀请到中国人比较认识的、对中国当代艺术比较有影响的著名艺术家，所以我希望通过这个阵营和规模，来反映出这次展览的学术性、影响力和有效性。第二点，正因为乌镇对外国艺术家算是"名不见经传"的地方，那么我希望这个展览主题既是针对乌镇的，又是针对中国的，同时也是针对国际的。这个展览主题的提出和阐释，一定是同时可以作用于国内和国外艺术家。所以我特别强调全球化的视野和在地性相结合。毕竟是在乌镇举办，从调性上来说，我主要侧重这样一个方面。

周：这次经历了哪些过去策展过程中未曾经历过的事情？

冯：对我来说，就规模上看，做一个四五十个艺术家的展览，我以前也做过。但特别不一样的是，能够邀请到国际上这么多著名艺术家参展，这还是头一次。我之前曾做过有几个出名艺术家的展览，但是这次相对来说，我大概算了一下，国际的就有十来个，国内的这些我都做过个展，相对熟悉很多。国际上，这次有林璎、安·汉密尔顿（Ann Hamilton）、奥拉维尔·埃利亚松（Olafur Eliasson）、达明安·赫斯特（Damien Hirst），还有日本的菅木志雄和霍夫曼（Florentijn Hofman）这都是头一次和他们打交道。我觉得最主要的是，其实是相对于我已有的策展经验而言，这一点比较突出。

周：联络、邀请艺术家方面是如何进行的？

冯：通过官方系统邀请参展的也有，但绝大部分是我的一些私人关系，或我的朋友的关系。请林璎、比尔·维奥拉（Bill Viola）

这个我就是通过冷林帮我先联系、打招呼，然后我再进一步联系。再比如，荒木经惟我是通过荷兰的Foam摄影博物馆的副馆长认识，因为荒木经惟刚刚在他们那边做过一个个展。拐着弯的，还是能找到他们。

周：一个比较吸引我的是受众的问题。在现代和后现代的语境里，受众的角色得到了强调。这次你请到一些很重要的国际艺术家，实际上也是针对了受众对艺术现有的认知，例如很多人都喜爱霍夫曼的大黄鸭。但是更多的策展心血和相对抽象的目标、概念，对普罗大众而言（其中包括不甚了解当代艺术的人）而言，先锋、前卫一点的内容会不会不易消化？

冯：是这样的，我一直觉得所谓的当代艺术中的前卫、先锋艺术，都应该是比较超前的、最活跃的，这种超前的一个特征就是它具有实验性和探索性，它需要对一方传统的、惯常的人们的审美、艺术语言、样式带有颠覆性和破坏性的。它是在这样一个前提之下的一个建构，这样的建构又会有不确定的东西——实验有可能失败，有可能成功，那么无论是艺术还是其他行业，都是要不断否定、建构、再否定、再建构，我觉得这是一个规律，当代艺术我觉得存在这样一个问题。别说大众了，专业人士也没有办法一下子接受，这跟我们已经存在的固有审美习惯发生冲突。但是乌镇更多的是面对游客，当地人的流量还是非常有限的。

所以，我刚刚强调了为什么我要找这些有影响的，所谓大腕、"大咖"或是大师，是因为这些作品多多少少还是被不同的观众和游客有所耳闻。比如说霍夫曼，一般大众不会知道他的艺术确切的价值，但却都知道大黄鸭。我恰恰是要利用一般观众的了解和认

安·汉密尔顿（Ann Hamilton）在乌镇西栅景区国乐剧院创作的新作
《唧唧复唧唧》，舞台上的人织着对面空间的人拆的旧毛衣，
观众成为最佳的概念传递者　乌镇国际艺术邀请展供图

知，让大家看到我们请他来了，做一个新的作品——大金鱼，它会带来一种有效的影响，从某种角度，也会吸引大众的眼球。

周：听说，你也带了一些参展的国际艺术家到全国不同艺术院校进行讲座，这是在展览初期就策划好的吗？

冯：是的。当时我考虑到请这些大牌艺术家，很难请过来的。比如像安·汉密尔顿（Ann Hamilton），我原来很早就知道她，我在深圳何香凝（美术馆）和在北京做的展览的联展中，她都是参展艺术家。但是当时，她就没有来到现场，她太忙了，不可能为了一个联展特意跑来中国。那么这次，她终于答应参展了，然后我们向她提供了这些关于乌镇的资料。我当时想，好不容易请来了，为什么不好好利用她的"资源"？不仅在乌镇，还可以也让她造访广州、北京，后来她又跑西安去了。我这边安排就是，希望她能够一路通过这次乌镇的展览能去中国更多的地方，把她的艺术带到更多的院校。她这次在中国美院、中央美院、西安美院，都是在院校里做讲座，反响很不俗。这让我想到，你做一个展览不仅仅是在你所规定的展览空间做，它的影响性在不断扩大，像是她的这些讲座都带有公教性质。这块和我们策展时一并考虑的。

再举一个例子，为什么我要推荐她去中国美术学院，因为施慧原来在中国美院有一个纤维工作室，她在做纤维艺术三年展，现在该开始做第二届。当时，施慧有一次在美国开一个关于纤维、软雕塑的座谈会，她听过安·汉密尔顿的发言，觉得特有意思，但苦于没有机会和安·汉密尔顿认识。后来，她很想请安·汉密尔顿参加杭州的纤维艺术三年展，被安·汉密尔顿拒绝了。具体什么原因她也没说，那么后来我这边把她邀来了，然后我问她能不能在你们学校做一个讲座，她听了特兴奋，"我们都没请来，没想到你把她请来了!"那么，施慧当然欣然答应，他们这次在讲座和工作室里都交流了很多东西，也建立起一个合作的关系。

周： 我很喜欢安·汉密尔顿这次呈现的作品《唧唧复唧唧》，这是在国内制作完成的吗？

冯： 对，都是。不仅是她，我们去年年底第一次请一批海外艺术家来乌镇考察，待了三天，包括看场地、选场地、看乌镇传统的缫丝业，和老的纺织女工进行沟通和交流。事后，安·汉密尔顿出概念和规划，算是因地制宜的一种，就地取材，利用乌镇的材料、人员和传统的织布机。

周： 就地取材，大概是乌镇国际艺术邀请展和海外的双年展、三年展最不一样的地方，可能国外的展览也会和当地有关，但不像这次紧密到要"取材乌镇""取材中国"。在这种就地取材的过程中，你会不会也担忧艺术品本身的味道、它的文化特征在植入具体空间之后，出现水土不服或格格不入的地方？

冯： 这是我们特担心的，我们的压力在这方面也很大。为什么呢？包括霍夫曼、安·汉密尔顿、约翰·考美林（John Körmeling）他们好几个艺术家都是只出了一个方案、模型、具体要求，都是由乌镇或是我找的苏州团队（陆新、府志兆等人）来完成的，他们的完成度到底怎么样？符合不符合要求？最后这个展览的形态到底怎么样，是不是艺术家想要的？

这之中还有另一个问题，例如霍夫曼的大金鱼完全是他的新作品，他也是在一个摸索和不断完善、思考、调整的过程中，那么，这是作为艺术家这一块，他们经常会提一些变化，为的是我找来苏州制作团队和乌镇本身的团队，他们怎么能够完成，完成得好不好，我特别担心。最后的结果曲曲折折，这里面可能还有些矛盾、误会和冲突，最后的完成度他们都还是挺满意的。实际上，三月二十七日展览开幕，霍夫曼二十四五日才到，到了之后他就和苏州团队（陆新）说"你这个做得不行，你要改"，可是如果按照霍夫曼短信的要求的话做不了，毕竟他是隔空的、缺场的，所以霍夫曼提出的要求在现实中难以实现，但陆新担心的是如果不按照他的要求，万一实施了，霍夫曼要重做的话，时间上也来不及了。我的意见是，你别纠结那么多，时间会来不及的，你就按中国制作来做，做出来再说。我必须要保证这个作品在开幕时是完整的，可以立起来的，后来做完以后，霍夫曼就说"非常满意，正是他想要的"。

我真的觉得这次几个国际艺术家作品的实施，挺给中国人长脸。因为有些艺术家原先从心里还是对中国制作有保留，觉得中国制作粗糙、拷贝。最挑剔的就是尤布工作室（Studio Job），二十七日开幕，二十五日晚上半夜才到，二十六日一早我们约九点见面，他们说要审审作品，我当时特别紧张，因为他们出了名的挑剔，没想到他们说"不错，中国人太疯狂了，我们没想到做得这么好、完整"，但他们接着又补充了一句说："你们中国人就擅长这种拼拼贴贴。"你知道吗，他最后这句话有一点不友好的意味，你能感受出来。但总体上来还是满意的。最后唯一加了的就是他们的设计蓝图，特意找了一个椅子放上去。

周： 实施过程中也有一些小遗憾，例如我听说，徐老师（徐冰）在展《汉字的性格》的时候，想要刷墙但是没有实施。

冯：没办法实施了，徐冰三月二十六日晚上才提出来的要求，第二天就开幕。我们特意问了工头，要刷成宣纸的效果，前后要刷两遍，还得等它干，肯定来不及。如果来得及的话，一定会做。这一点乌镇真的是很厉害，凡是他们能够满足的，都没有二话。能满足都满足，比一些专业美术馆做得还要好。

周：是不是真的因为"有钱"的原因？陈向宏先生比较像是江浙盐商，除了资本以外，还追求某种情怀。"乌镇为其所用"的情况很有意思，说明了这个地方的独特性。所以我在想如果你下届不在乌镇做，如果在其他地方做，是不是就无法实现？

冯：也不是说不能实现，但效果肯定会打折扣。要回答你这个问题，我想有两方面，首先经费这方面肯定是很重要的方面，不然无从谈起。但乌镇最重要的一点是，乌镇在陈向宏的带动下，整个乌镇的员工和团队的心气很高涨，不涣散、不敷衍，他们也很希望这件事可以做到最好。我想如果有这样一种热情，可能就不在乎具体的劳累。这回，我在开幕会发言就提到，如果你有一个乌托邦、理想，你把自己的事情做好，那么其他琐碎的事情、矛盾和问题都不在话下。包括你说的，陈向宏不仅仅是一个商人，他不满足于乌镇只是一个好的旅游景点，陆续推出乌镇戏剧节和艺术邀请展，建立木心美术馆，没两年你看着又要有什么新的，没准弄一个诗歌节出来。他的眼界是国际化的，这次的涂鸦墙就是他三月二十三日才定下来，他说"这片墙不够好看，能不能把这片楼涂上？"然后负责工程的姚总找我问我行不行，我说行。之后，马上联系几个专门做涂鸦的孩子，花了一天半全涂满了。

艺术家尹秀珍试图通过《内省腔》唤起人们在母体子宫内的记忆，
试图令其回归到羊水状态，进行自我观照　乌镇国际艺术邀请展供图

周： 就这两年的情况，您认为面对知识界、文化界的变化，策展人的身份与工作如何随着语境发生改变？

冯： 当然肯定会随着这个情况有所改变，你比如说上世纪八十年代末到九十年代，当代艺术展览当时多处在一个地下、半地下状态，那个时候的状态与针对性更多的是抗争与表现、表达。九十年代我做展览的时候，没有策展人这一说，当时就特想做展览，怎么呈现展览其实就是实现自己的一个想法，或者带有理想主义乌托邦想法的，有你的情怀。那个时候，过了二〇〇〇年之后，这些年，你看这些策展人，真正有几个是特别独立的？许多都是和某个机构合作，或者是已经从地下、半地下走到台面上来了。现在策展人变成一个挺受欢迎的身份，包括许多人现在专门学策展或励志想当策展人，变成一个好的职业和追求，这个变化很大。

就我个人而言，你要是有一个想法、情怀或想做的事情，你就去干、坚持，但是这种坚持和追求要适应于时代的变化。

原来没有艺术市场，现在有了，原来受到意识形态的牵制，现在艺术家又受到市场的牵制，那么这都是一个变化，你肯定要敏感到你要和当代这个文化、文明程度是有关系的。

周： 这个牵制的问题可能不仅仅出现在艺术家身上，许多作家也会有这个问题，就是要在市场经济引导下将"才华套现"，意味着把创作力赶快换成钱和利益。想问你就目前中国越来越多的策展人的现象怎么看，同时策展可以分成哪些类型？

冯： 类型上我没有专门分过，我是按代际来分的。所谓代际，比如说"五十年代"和"六十年代"的大概是一类，比较早期、资深的就是栗宪庭、高名潞他们这些人，也包括黄专、王林这类资格比较老，年纪比较大的前辈；完了之后就是"六十年代"，我们这批人，我、黄笃、顾振清、冷林、高岭，我们又是一批人，实际上我们和"五十年代"在策展本质上是不那么大的。还有就是"七十年代"出生，例如皮力、刘礼宾、胡斌、鲍栋，之后就是"八〇后"，例如崔灿灿。"五十、六十年代"的策展人基本上还是带有人文主义倾向，针对艺术与现实之间的关系，更强调这一方面。那么他们更多地在自觉与不自觉当中顺应这个"潮"，转换成一个"策展人"身份。"七十年代"这批策展人，他们更多地具有高学历，大部分是本科、硕士、博士学历，大部分在艺术院校任教，知识层面、身份上更偏向两类：一类比较强调艺术本身，社会性或意识形态化的东西少一点，也有一些还是比较强调通过艺术来介入现实和政治，这也是由中国当代艺术的特殊语境来决定的。当然也有比较贴近市场的，比如说赵力。冷林在策划展览上还是很好的，但他策划的展览更多是和画廊有关，为画廊服务。

周：负责销售这一块其实很影响一个人的思维。藏家和行家有本质的区别，他们不需要特别懂行，当人接触他们很长时间，因为商业或资源上的影响，就会产生判断、行动上的改变。

冯：当然了，我插一句，比如说我们九十年代做展览，压根就不会考虑艺术市场，因为没有！想考虑都考虑不了（笑）。你没有那个环境，也没有那个条件，所以相对来说可能就单纯、直接一些。像冷林也策划展览，既要考虑到所谓的学术性，肯定也要考虑到销售性（未必多直接），比如说他们会在佩斯北京（画廊）做一些带有实验性的展览，这些作品可能也没办法一下销售，但是它会为未来的销售做铺垫。

周：现在有人认为，出现了一种新的策展人身份——中间人/中介（agent），最明显的中介者就是画廊和画廊从业者，但有时候画廊会有一些专属策展人和与其长期合作的策展人。

冯：当时我就曾经写过文章，我说"我跟谁都可以合作，但你如何能在合作当中保持一个相对的独立性"。但是说，也有像侯瀚如写过文章，他绝不为画廊做任何展览，这个就是态度和方式的不同。刚刚有一个想法，我忽然想不起来，一会儿想起来再说。

周：商业不一定是一个贬义词，它可以是有创造力的。

冯：对，说到冷林，他其实还是挺灵活的，而且他有自己的一套，包括判断。我觉得呢，由中国人来做画廊，在这个系统中，我个人觉得冷林做得还是比较到位的。所以你看他做的展览有些还真挺有意思的，无论是从概念还是形态上，那还是做得比较地道。但他属于另外一个系统。因为以往你知道，主要是欧美这一块，画家习惯通过画廊这个渠道来进行运转和推出，就像你分析的模式。另外，当代艺术的发展现在已经不是一个单一的线索来进行、承托的，包括不被画廊代理的艺术家也可以出来，就是你不被画廊代理仍然可以出来，比如说像徐冰、艾未未，他们没有跟任何一个画廊合作得那么紧密或被代理，依然做得很优秀。

哦，我想起来了，刚才我是想说什么，其实策展人就是一个中介，我是这么理解的，他是艺术家和社会之间的中介，画廊当然也是中介，所以，你这个中介怎么做，到底起到怎样一个作用，那你比如说冷林，他以策展人和画廊的身份，那么更多的是强调艺术家和艺术市场、藏家之间的身份，比如像说我这边，没有靠着艺术市场，而是重视建立艺术家和现实、社会之间的关系。

周：您觉得乌镇之后，自己作为"独立策展人"的身份会不会有新的定位？

冯：那倒不会，我现在计划二〇一八年在乌镇做第二届当代艺术邀请展，现在又得开始筹备了。我现在大概有两个定位，一个我还是延续第一届的"高大上"路线，就是要找特有名的艺术家，做专业、有影响力的展览。我在想，在乌镇这样一个小地方，在中国做一个特高端的展览，靠这样一种方式，来提高、确定它的特殊性和不可重复性。

第二，第二届我会偏重相对年轻人的，更活跃的，有意思的。这回比如说，达明安·赫斯特给什么作品我就得展什么作品，没有什么挑选的余地，我要借助他的名声，那么我对作品本身就没有太多的挑剔空间。人家如果说你选别的作品，那我不参加了，怎么办？所以，我下面就是找达明安·赫斯特那么有名（的艺术家），但仍然也特别有意思，无论是作品形态、针对性还是概念方面。不做什么人都有的展览，我们要进一步精选。

周：这意味着艺术家数量有可能再减少？

冯：还没有具体到这一步，我就是想能够尽量充分、完整地展示每一个人的作品形态。许多人这次去了展览场馆，真正看完了作品，会觉得挺舒服的，展示的相对充分，没有拥塞，没有明显纰漏，现场感挺强的。

周：我们看到墙刷得很讲究，展览说明都是丝网印刷的，细节都把控到了。

日本物派艺术家菅木志雄以钢管、石头、绳子
制成作品《周围律》 作者摄影

冯：其实我现在在想，关于你那个问题"下面你怎么做？"，我现在就想减少一下展览的数量，完了呢做精，腾出时间把我的两本书写完。一本是从我个人的经历出发的一本书，比如我之前写过《黑皮书》（书中"编者的话"），那篇文章就是那本书的第一篇，那我现在就是先做片段，按时完了之后再调。第二本书呢，我就是写策展方面的，我根据我自己做过的展览作为实例，然后串成一条线，完了谈谈我对策展的经验和认知。那么这样下来之后，就有点像展览史。

你说我再做（策展）也就这样了，现在有点疲于奔命，这得什么时候算到头啊？我多做一个，少做一个，已经没有多大意思了。这不像年轻，要靠在场、露面让更多人知道，我现在老江湖了，没这个必要了。后来大家也说到黄专（1958—2016），他做的也挺广的，但没有什么特别的专著，他的离开挺可惜的。中国这方面也挺怪，你看老栗（栗宪庭），他经历最丰富了，但也不写点东西，就出出过一个文集。

周：大概一两年前，你曾和我提过要做乌镇双年展，没想到今年就做出来了，这个执行力估计让许多人都望尘莫及。

冯：所以我提醒我自己，事情不要到老了再做。写书也是，趁我现在还写得出来，赶紧写，打鸡血地写。反正我的意思是，我将往这方面发展。我的经历本身很有意思，现在市面上许多人乱写，这不对。这本书将不是单纯的历史性专著，有个人的一面在里面，亲身经历，也有背后的故事，但希望又能写得详实、客观。即便要推掉一些展览，但独立性是要强调的，一直要坚守的。婉京，我不知道你怎么体会，我觉得只要你认准了一个做，照死了做，还是会有回馈。否则的话，你东一榔头，西一棒子，肯定不行。我这种体会特别深，时间真的是一晃就过去了。

辑三　进行时

苏法烈：当"天真一代"遭遇"外国骗子"？

上世纪七十年代，国际拍卖行纷纷落户香港，带来了外国藏家对艺术品市场的供给与需求，也带来一批同样怀抱艺术梦的外国藏家与画廊主人。一九三九年生于洛杉矶的美国人Fred W. Scholle（苏法烈）于此时期开办画廊，与众不同的是，他虽身为外国人，却经营着一家香港本土画廊。本文将跟随这位"定居香港的美国人"，看一看世界画廊四十年经营中的曲折路，听一听他口中当代艺术的"纯真年代"是怎样一副模样。

"我的中文只可以说少少。"苏法烈普通话发音虽标准，却也自知常出现语法错误，说罢感到过意不去地笑笑。苏法烈由一九六五年来到香港，一住就是五十年，即使中文讲得不好，却是个不折不扣的"中国通"，聊国画、聊孔子、聊东方哲学都不在话下。

苏法烈称自己来香港纯粹是个巧合，他在南加州大学医学预科毕业后进入一家洛杉矶的进口公司，一九六四年公司派他前往香港。"我来到香港没多久就知道这是我的城市。"苏法烈说。一年之后，他在香港开了从事出口装饰品及艺术材料的公司，主要经营标准的"架上"材料，例如木质材料制成的写生簿、油画画架等。公司最早只在香港和台湾加工产品，后于一九七〇年将厂房转至广州，他因此获得更多前往内地的机会。

"虽然我早期在香港的活动已经与中国艺术有关，但我一九七四年在香港奥卑利街开办世界画廊时，主要做的还是西方艺术。因为，当时买得起艺术品、懂得欣赏艺术品的主要是外国客人，香港一些知名家族也会来买，但他们的兴趣点还是集中在古画、陶瓷上。"苏法烈说。

上世纪七十年代，香港的画廊寥寥几家，而美国及欧洲艺术品占据着华人艺术品市场的主要份额。苏法烈一面顺应收藏走势，一面利用他的西方背景与外国艺术家沟通，很快在一九七七年为画廊举办了首个大型艺术展，当时展出的画家即是遐迩闻名的英国当代艺术家大卫·霍克尼（David Hockney）。

两年后，苏法烈作为策展人，邀请八位美、英艺术家齐聚香港艺术中心，除大卫·霍克尼外，亦展出了吉姆·戴恩（Jim Dine）与贾思培·琼斯（Jasper Johns）等人的超具象、后现代作品。苏法烈笑称，这算是西方当代艺术家在香港最早的"集体亮相"，在那时引起了不小轰动。但他同时也注意到，前来报道的传媒只有《南华早报》的一名记者，可见那时香港民众尚不熟悉当代艺术。

等到了九十年代初期，香港拍卖行处境较为艰难，随着拍卖交易物品减少，苏富比与佳士得展开了在拍卖委托上的竞争，结果导致两家的净利润骤减。在这时期，拍卖行为避免风险，逐渐将焦点放在油画专拍上，因此他鼓励一些艺术家朋友创作油画，其中有不少人来自内地。

近十年来，青年艺术家的作品如雨后春笋般出现在各大国际画廊、艺术展及拍卖会现场。这与苏法烈九十年代接触到的情况相比，他坦言年轻艺术家乃"生正逢时"，赶上全球艺术品市场蓬勃发展。

二十年前，苏法烈记得当时有许多自称是国际策展人的"老外"来到中国，向许多艺术家索取画作，说是要拿到纽约、洛杉矶等地进行展览。但结果却是，画拿走了，人不见了，作品再也没被归还，画家无处觅画。苏法烈对此现象十分反感，却也无奈。当时许多像他这样的"老外"前往北京寻找"先锋艺术家"，但大部分皆抱有猎奇、投机的心态。

那当时住在北京的中国艺术家又是怎样一个状态呢？他们可能住在地下室，吃完这一顿还要为下一顿做打算，但这群艺术家又很孤傲，不喜欢为作品贴上商业化标签。苏法烈称这群人为"天真一代"，多指如今中国艺坛"50后""60后"艺术家，而他们得到成长的上世纪九十年代也是中国当代艺术萌芽的"纯真年代"。

一九八八年毕业于中央美术学院油画系的刘小东，即属这一代人。他早期以农民工、三峡新移民为题材的作品现多为外国藏家收藏。而刘小东本人也曾说，在上世纪九十年代，买他作品的多为外国人，他说："资本主义制度下出来的人（指外国人）讲究信誉，但也有骗子，那个骗子骗得高明，所以有的中国艺术家崇洋媚外或者说中国有的人崇洋媚外是有历史根源的。"换言之，中国画家渴望踏足海外艺术平台，即使被骗，也不轻易与"外国骗子"计较。

时至今日，苏法烈提出新一代中国年轻艺术家不再像老一代那般"单纯"，对艺术品商业价值上的考量更多。但相同的是，艺术家面对他时，总要上下打量一番后，说上一句："您想从我这儿拿点什么？"夹在同行翻译与艺术家之间的苏法烈，每次都不知该如何回答，随口而出的却是他内心最真实的想法——"我要好的艺术，鲜活的，能反映你的生活。"

"我认为少励画廊是香港近几十年最成功的画廊之一，很遗憾Nicole（文惠贤）他们不再做下去，我相信是出于Nicole的个人原因。但确实，与十年前比，画廊现时不易经营。"说起二〇一三年结业的少励画廊，苏法烈难掩遗憾。

二〇〇七年，苏法烈将世界画廊由金钟太古广场迁回中环，搬入律敦治中心。苏法烈说中环始终是他经营画廊的首选，他从上世纪七十年代开始接触的藏家大多是金融业从业者，早期以外国专家为主，近十年间他发展的新藏家多为亚洲人。他也有些画廊老友将空间迁至黄竹坑、柴湾等工业区，今年七十七岁的苏法烈自觉"迁不动"了，因为中环有他固定的生活圈子，即使"捱贵租"他也不愿放下记挂着的左邻右舍。

作为藏家，苏法烈最早是以收购印象主义风格的原作版画（Original prints）为主，几十年过去，他的私人藏品已达四百至五百张之多，其中包括雷诺阿、德加、毕加索、马蒂斯等人的原稿。

二〇〇八年，伴随画廊执行经理杨永金的加入，世界画廊逐渐将展览重点摆在水墨绘画及新媒体艺术上，更广泛地参加国际性艺术展，并先后举行了包括刘国松、秦风、秦冲、李纲、卢彦鹏、林东鹏在内多位艺术家的个展，形式涵盖纸上水墨与新媒体装置。

从一九八九年首次策展梁巨廷的水墨画展开始，谈起水墨，苏法烈说这是令他魂牵梦萦的一种艺术形式。中国书画个人化的表现手法、私密的情感宣泄方式都令他着迷，"这是一种我们西方人永远需要仰望的书写方式，神秘而奇妙。"这种"神秘"的吸引力，也曾被贝托鲁奇（Bernardo Bertolucci）在《末代皇帝》的电影首映式上形容为："我爱上了中国。我当时想中国人真令人着迷。他们有一种朴实单纯。他们是西方消费主义产生前的人民。然而同时，他们又那样令人难以置信地富有经验，举止优雅和聪明睿智，因为他们足足有四千岁了。我认为这种混合真是十分诱人。"

最近，苏法烈脑海里总浮现起过去的一幕，他第一次前往北京中央美术学院的情景，他见到凌乱放在走廊中的巨幅油画、飞扬的笔触、满布尘埃的画作，和年轻中国画家不羁的表情，等到他们嘴里的烟云散去，他又听到那句"您想从我这儿拿点什么"。不拿什么，就看看。可那个听起来俏皮讽刺的"您"，伴随着他对这群艺术家的关注，构成许多外国藏家眼中形形色色的中国当代艺术世界。

原刊于《大公报》收藏版"汲宝斋"
2015年2月18日，B3文化版

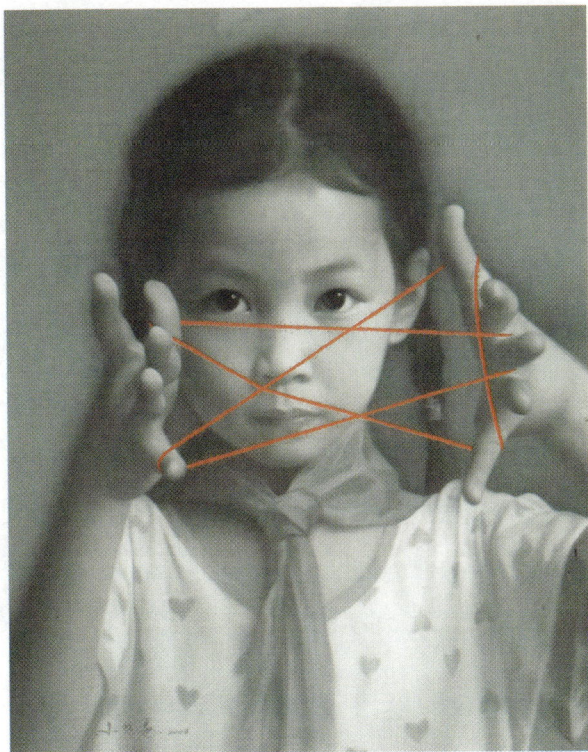

朱毅勇二〇〇九年作品《中国记忆 No.14》 艺术家及世界画廊供图

秦风二〇一二年作品《欲望风景系列070》　艺术家及世界画廊供图

张颂仁：从艺术推手到水墨学者

在上世纪八十年代，有一个人游走中西之间，扮演着商人、文化人、学者、艺术工作者的多重角色；他将画廊开设在香港，为中西两方艺术交流起到"中转站"作用；他在中国当代艺术仍处"蛮荒"之时积极"拓荒"，成为曾梵志、张晓刚、王广义、谷文达、吴山专等艺坛名宿的幕后推手。

如今，张颂仁更倾向于以学者的身份示人，再谈起香港，他总要追溯到辛亥革命后遗老遗少南来香江的过往，再论及艺术，他不忘自古法追根溯源、求新思变。

一九五一年张颂仁生于沪上一个经商世家，其祖父张梦周是经营钱庄的银行家，父亲曾远赴美国攻读工程学。一九四九年来到香港后，张颂仁的父亲开工厂做制衣生意，生产当时新潮的尼龙布料。正因出身商贾之家，也难怪艺术圈对张颂仁的评价总离不开"精明"这一字眼，但与其家族略有不同的是，张颂仁选择了艺术作为对象。

"'85新潮"美术运动，是继一九七九年星星美展后，另一标志中国当代艺术走向西方舞台的大事件，从这场"运动"中应运而生的有黄永砅、王广义、徐冰、张晓刚等人，也有当时正在九龙经营汉雅轩画廊的张颂仁。一篇有关"'85新潮"的报道，让张颂仁眼前一亮，当时还在香港推广港台艺术家的他，即刻意识到中国艺术的新纪元将要到来，是为"当代"。

很难想象，在八十年代中期，一个来自香港的画廊经理人，如何独自背上行囊，只身前往北京。为何中国艺术与西方艺术站在一个舞台上总显得自卑而畏畏缩缩？为何中国艺术难以追求一个与西方对等的话语权？带着这些问题，三十多岁的张颂仁在不到五年内，先后举办了"星星十年""后89：中国新艺术""墨旋"等大型展览。可以说，张颂仁是以展览作答疑解惑的方式，而展览亦汇集了很多当代艺术家对艺术、文化的意见，或疑虑或期待，或戏谑或悲怆，无论他们的创作情绪如何，皆被收入作品当中。

一九八九年，身为策展人的张颂仁在《星星十年：（策展）前言》中写道："星星当时在中国引起的骚动在海外难以想象其广远……艺术家跳出习惯，套用新的形式，就无异于表示，'我不要继续做我，我要试试做别人'，而且要变成别人来挑剔自己。"

这里的"新形式"具体体现在王广义西方品牌标语式的海报油画，方力钧泼皮幽默的人物造型，及张晓刚创作的"血缘"系列等当时的先锋性艺术作品。现代艺术之于这群年轻的美院毕业生来说，除了表达自己，更重要的是进行反省和批判，张颂仁相信蕴藏在这群人的作品中的创意足以影响社会，星星若有"星火之迹"终有一日可兴"燎原之势"。

喧躁的八十年代只剩下远去的风景可供凭吊，频繁进出各大拍卖行的画作则以水涨船高的成交价，向世界宣示中国当代艺术的声音与地位，收藏家买画时最在乎的往往是画的年代、代表性，这情形也让人不由得生出疑虑，倘若一位中国艺术家没有一个专属于他的符号，他能否被视作成功艺术家呢？

论及符号，张颂仁认为对具有现代感的艺术家而言，找到或建立属于他们自己的符号并非重点。说到底，符号也好、东方主义色彩也好，艺术创作都无法与时代脱节，张颂仁以曾梵志的《协和医院》系列为例，提出曾氏画作具有强烈的宗教化形式。在上世纪九十年代那个计划经济与市场经济交接、集体主义与个人主义碰撞的大环境下，曾梵志的作品符合"时代造型"。

　　第一次见到曾梵志是在一九九二年，张颂仁和栗宪庭两人共同为"后89：中国新艺术"展览选画，一同到访曾梵志的工作室，正是这次机会，栗宪庭将仍是学生的曾梵志介绍给张颂仁。张颂仁说两人见面是一次惊喜，让他一眼看中的正是出自这青涩小伙儿的毕业作品——《协和医院》三联画，那时谁也不会料到，这件作品将成为价值过亿的天价拍品。张颂仁当时给这组三联作中的每联开价两千元，要知道对清贫的青年艺术家来说，这已是一笔不菲收入，曾梵志自然大喜过望，但更令他没想到的是，张颂仁随即说，他出的价不是人民币，而是美金。

　　两年后，张颂仁在汉雅轩为曾梵志做了第一个个展、出版了他的第一本画册，香港遂成为见证曾梵志艺术起步的地方。曾梵志曾说："如果没有香港这个环境和土壤、没有张颂仁等画廊人的支持，中国当代艺术没有今天。"而再看《协和医院》这组作品，作品的符号性透过极富表现力的油画语言体现出来，艺评家祝斌称这是一代人作品走向成熟的表现："我们看到语言与母体统一在恰当的宣泄中。"

　　二〇一三年十月苏富比亚洲四十周年晚拍卖会上，曾梵志《最后的晚餐》以一亿八千万港元（含佣金）的成交价成为首件过亿的亚洲当代艺术品。作为曾梵志作品走向市场的最早推手，张颂仁谈起这"1.8亿"时反倒是十分淡然，他眯着眼睛笑答："画中的意象、艺术史意义让它确实值这么多钱，可能应该值更多呢。"

一九九五年开始，张颂仁带领中国艺术家参加威尼斯双年展、圣保罗双年展。同时，在艺术品市场繁华背后，现在中国艺术家不再缺少出国参展、参与学术交流及论坛的机会，西方亦从开始关注中国当代艺术，逐渐变成愿意聆听中国艺术的声音，这一变化恰好证明了中西两方在固有"对话机制"中的位置迁移。如张颂仁所言，始终让他放不下的是"中国艺术在整个世界中的位置"，这也是他口中"文化政治"一词的本意。

在汉雅轩成立的这三十年间，随着冷战终结、去殖民化浪潮掀起、全球资本化时代的展开，他感到"许多东西已在悄然变化"。不变的是，张颂仁依旧听昆曲、穿唐装、用毛笔写字，提倡儒学"礼仪空间"的概念。

和张颂仁聊天，他总要提醒你问点新鲜的东西，问点他没听过的问题。你在判断他的立场，他也在打量你会下哪一步棋。如今，他除了继续策展，还肩负起中国美术学院跨媒体学院客座教授、亚洲艺术文献库董事的学术研究责任。

而水墨绘画作为中国传统艺术媒介，张颂仁认为关于这一主题可延展、探索的内涵还有很多。他从八十年代后期为谷文达、杨诘苍、王川策划水墨展"墨旋"，到二〇一五年一月汉雅轩先后举办的展览"梁巨廷：前因后果五十年"及"言与物：山水作为文化的自画像"，张颂仁希望在现代艺术家的新法中印证古法，令观者在水墨作品庄严如神的设色、布景中，找出心灵与自然一致的表达方式。

再论"新水墨"这一近年来的热门话题，张颂仁更情愿以艺术史的角度去探讨"水墨"的契机。言语之间，他提到台湾上世纪五十年代的"五月"画会、二战之后香港兴起的"新水墨"运动，两者都是从传统山水中释出、道出"东方"因素。

纵向来看，水墨的概念作为一个参照系，不同时期的水墨创作为中国艺术在西方体系面前做出积极解释。另一方面，由横向来看，不同地域的华裔艺术家的水墨实验也从未间断。古时有范宽的《豁山行旅图》和关仝的《秋山晚翠图》，现在有台湾新水墨名家刘国松、香港的王无邪、周绿云、梁巨廷等人。

张颂仁对水墨景观的认同不仅仅在于画作本身，更将水墨"以'止'暗示'不止'"的哲学审美融入他的生活。

二〇一三年十二月，张颂仁与汉雅轩陷入一场"丢画风波"，当时网络上频频转发一篇指责张颂仁私藏孙良、李山等艺术家参展一九九三年威尼斯双年展作品的报道。虽面对质疑，张颂仁泰然自若，以"止"回应了"不止"。他说，比起画、比起艺术市场，别人不知道他更关心的是精神、思想（"礼""仪""教"）构建成的文化体系。

回到"当代艺术"中"当代"的概念，张颂仁将其总结成"活在当下，正在发生和被使用着的现代语言"。而艺术在当代面前呈现出繁琐而有秩序的三个艺术世界，则被划分成："中国传统世界""中国的社会主义世界"与"全球资本主义世界"。"讨论这三者之间的'共时性'与'非共时性'才是中国现代艺术最需解决的问题，这需要我们潜下心来进行比较阅读。"

张颂仁说自己很想作画，但苦于没那个耐性。再回忆起青葱年少时，他曾跟岭南派大家赵少昂学画、曾做过古画画廊的艺术经纪，这才觉察岁月流逝之匆匆，随之心生感慨："画廊和二手市场并不重叠，我要做的还是展览与推广好的艺术家，是要符合时代特征的。"再想，原来张颂仁收藏多年的并非具象的一器一物，应算是当代艺术复杂、抽象的一条脉络。

原刊于《大公报》收藏版"汲宝斋"

2015年2月4日，B20文化版

徐龙森《莲花生峰》 艺术家及汉雅轩画廊供图

曹晓阳《二十四节气之芒种》 艺术家及汉雅轩画廊供图

常玉：静物无言　玫瑰有情

　　从两千多年前的《诗经》与《离骚》开始，"香草"意象就是人格情操的化身，植物变成一种文化符号，作为传递文人情感与品格的重要象征，逐渐成为人格的外化形式。已故旅法画家常玉（一九〇一至一九六六年）在作品中凭借一腔"体物写志"的抒情精神，以摹写来延续西方静物主题的传统，以自观来谱一曲带有浓郁东方哲学色彩的玫瑰香颂。

　　综观常玉一生的创作，静物主题横跨近四十年，完整地陈述了风格演变的历程，而在他创作早期最具代表意义的无疑是数量极为稀少的玫瑰主题。实际上，常玉一生以玫瑰为主题的画作仅有五件，远少于数量超过五十件的菊花主题画作。其中三件有署明年代的"玫瑰"作品分别来自一九二九与一九三一年，跨越了艺术家生命中最关键的两个年份。

　　根据常玉现有的相关著录与出版资料显示，目前有纪年的油画作品最早可追溯至一九二九年，正是由保利香港拍卖有限公司（下文简称：保利香港）推出的图录封面作品——常玉的长七十三厘米、宽五十厘米的油画作品《蔷薇花束》。据了解，图录上虽刊有"估价待询"四字，实际上起拍价在四千万港元左右。

　　保利香港中国及亚洲现当代艺术部高级专家余箐悯介绍称，此件作品有诸多稀有性，它既是常玉少见的有纪年的画作，又是存世常玉画作中的早期代表："我们按照常玉目前的油画全集出版物进行资料整理，常玉的花卉作品很常见，他最喜欢画的其实是菊花、梅花、兰花，玫瑰十分少见，存世只有五件，这件是其中年份最早的一件，并且也是目前市面上唯一流通的一件。"

正如莎士比亚在《十四行诗第一首》中所载——"对天生的尤物我们要求繁盛，以便美的玫瑰永远不会枯死"，玫瑰离不开爱情的浇灌。"玫瑰系列"的五件作品实为常玉一九三〇年前所作，创作《蔷薇花束》时正值他与妻子玛素·哈祖尼耶（Marcelle Charlotte Guyotde la Hardrouyere）婚后第二年。玫瑰曾一度作为常玉爱情甜蜜的象征，寄托了他对创作、生活的乐观憧憬。

可惜好景不常，一九三一年常玉与结识三年的法国文人兼收藏家亨利·皮耶·侯谢（Henri-Pierre Roche）结束合作；同年玛素·哈祖尼耶因怀疑常玉感情不一而坚持与其离婚。

常玉终其一生未曾再娶，在上世纪三十年代之后未再创作以玫瑰为主题的作品，可见他对这段感情的重视。余箐悯补充说，上世纪三十年代后，常玉的生活境况明显不如之前好，后期所创作的花卉主题中，梅花、菊花比重较多，气氛自然带出傲然不群的一面。相比之下，这幅一九二九年的《蔷薇花束》就富贵、圆满得多了。

《蔷薇花束》虽是描写静物，但若仔细观察画面中描绘的花朵，则可发现常玉在此展现了蔷薇由蓓蕾、含苞待放、初绽到盛开的四种状态，如同开花的过程片段，仿佛影射了生命的起承转合，瓶中的花束看似静谧的场景，却上演着内在的生命律动，水平的桌面与暗色的背景点出静态，花朵的开放又突显动态，在动静之间相互映衬。

余箐悯说："这四种不同状态交错的动态感也是我们在分析画面之后得到的新发现。对照他在上世纪四五十年代的创作，后期作品更多地体现了他在中国传统哲学思想影响下的反思。例如，《青蛙、鸟、蝴蝶与盆景》中题有诗句'万物静观皆自得，四时佳兴与人同'，可见二十余年后艺术家心态的变化。对比之下，我们看到这一类型的盆景静物通过描绘花的开放，反映的是生命成长的过程。这幅《蔷薇花束》是奠定他往后创作的一个核心，是常玉作为人和其他生物相照应的状态。"

或许随着岁月流逝，《蔷薇花束》中生命历程的实践已然转化为《青蛙、鸟、蝴蝶与盆景》那"物我相亲"的宁静状态。较去岁保利秋拍上推出的小品类型《白瓶内之海芋》，《蔷薇花束》没有明显的常玉式"白描"，而是体现了与上世纪三十年代另两幅作品（《婚礼花饰》《盆中白莲》）相仿的绘画手法——在平涂之后，刮去轮廓或白描线条以呈现虚实之间的对比，用的是"没骨"的技巧，一笔画下去就绘出植物的茎秆。

然而，《蔷薇花束》作为花卉系列的开端，在用笔上更加特殊，花瓣既未涂满，也非白描，而是介入虚与实两者之间。《蔷薇花束》罕见地使用线条与渐变色彩勾勒粉红蔷薇与枝叶，在黑色的背景下，轮廓线中透出背景的墨黑色，仿佛赋予蔷薇花束自发性光源，像这样的"半满、镂空"的效果未曾出现在艺术家其他作品中。余箐悯分析，到常玉上世纪四五十年代的作品，作品整体用线、颜色的感觉都偏"实"一点。

论及空间的运用，画面下方的白色花瓶没有细节装饰的描写，平面化的造型与块面强调了瓶身的体积感与量感，前景粉红色的转折将白色桌面往前延伸，与黑色背景构成完整的立体空间叙述。常玉在法国时虽受现代主义影响，却在空间处理上有别于毕加索、马蒂斯等人。同样是室内描绘静物，马蒂斯在《红色画室》中清楚地设置了桌子与门的距离，而常玉却是在背景的黑色中留有些白色空隙，意将空间无限延伸。

虽然都是现代主义的发扬，常玉习惯将物像"极简化"，把线条作为抽象的语言来使用，这种处理和他自幼学习书法的个人经验有关。余箐悯认为，常玉把颜色降到"最低的一个程度"（简洁的程度），笔下静物在融合中国传统精神之时，又吸取了西方现代主义把物像拆解成几何化的概念，在几何中诞生出一种全新的艺术词汇。正因如此，常玉在中西方美术史中都有很重要的地位。

倘若与常玉一九二一年的写意水墨作品《牡丹》进一步比对，可以发现常玉八年后创作的《蔷薇花束》，不仅媒材发生变化，画家在静物画中着力诠释、拓展西方现代主义的目的也显露无遗，因此《蔷薇花束》成为公认的最早可佐证常玉将中西艺术融合的例子。这八年中画风的变化，画家将现代主义内化之后，用一种浪漫的东方形式书写出来。

原刊于《大公报》收藏版"汲宝斋"

2015年9月30日，B19文化版

常玉的玫瑰主题画作存世仅五件，《蔷薇花束》是其中年份最早的一件，
也是目前市面上唯一流通的一件，最终成交价为五千九百万港元
保利香港拍卖有限公司供图

常玉在一九五〇年后创作《青蛙、鸟、蝴蝶与盆景》中题有诗句"万物静观皆自得，四时佳兴与人同" 保利香港拍卖有限公司供图

李禹焕：用"非也"阐述身份

每每谈到艺术，总免不了要谈论艺术家的身份认同（Identity），尤其是其作品在全球与本地影响下的文化表现。尽管如此，作为著名韩国艺术家、极简主义者，李禹焕（Lee U-fan）却不言身份，不认为他的作品和艺术品市场中推崇的"抽象""空""虚无"概念有关。所谓的"抽象艺术大师"，不过是外界为李禹焕建构的身份，若问本心，他试图诠释的不过是发展在作品"对话"中的无限性。

李禹焕这一代韩国人，生处在一个躁动的时代。一九三六年出生于韩国的他，成长于日本入侵（一九一〇年至一九四五年）与朝鲜内战（一九五〇年至一九五三年）的动乱情境中，而这样的社会环境促使他一九五六年在韩国首尔大学艺术学院仅学习两个月后，毅然前往东京的日本大学文学院研读哲学。

李禹焕被认定为日本"物派"（Mono-ha）与韩国二十世纪七十至八十年代单色画运动（Dansaekhwa）的领军人物。笔者在与这位韩国艺术家对话之时，他不是以韩语沟通，而是操一口流利的日语。李禹焕既读老子、庄子、西田几多郎，也读赫拉克利特、康德、海德格尔、莫里斯·梅洛-庞蒂，中西哲学思辨的排斥与融合也令其创作更具复杂性。

梅洛-庞蒂曾在《知觉现象学》中提出"现象与知觉互为被关

系者（Relatum）"，书中重点解释人类如何通过身体解读知觉行为。其中现象与知觉的相互作用，即被李禹焕运用在他一九六八年的装置作品《现象与感知B》中。他以一块矩形玻璃板上放置一块大石头，玻璃板被压裂（李氏后来把这件作品和其他作品一起改名为《被关系者》）。直到他在一九六九年发表的论文《由物体到存在》（From Object to Being）清晰表达出他对物体物质性的思考。

那时，李禹焕本以为离开日控下的韩国是一种正确的选择，不料却遭遇日本国内的动乱。一九六八年，日本国会再次重申美国—日本安全条约，并允许美军在日本领土上进一步巩固其军事基地，这使日本成为美国在"冷战"中的"亚太前线"，并将矛头直指越战。

当时，日本艺术展现出与日美关系相似的挣扎、矛盾性。以关根伸夫、吉田克朗、管木志雄为代表的艺术家在展览《大地之母》上将"物派"推上日本美术史的舞台，李禹焕亦在关根伸夫的介绍下参与到"物派"群体。这群艺术家开始对世界"原本状态"（Aragamama）的事物进行研究，他们在思考为何人类一味强化自己对世界的意识，为何被观念所困的人往往小题大做或过度解释自己的行为，进而忽略了原本状态下的世界等问题。在上世纪六十年代到七十年代期间，"物派"艺术家多运用土、石、木、铁等素材，基本上不做加工，通过物质本身强调关系的存在。

在其后续作品《现象与感知A》《系统A》《系统B》中，陆续出现了石头、玻璃、铁板、橡皮卷尺等。这时，李禹焕将自己的创作总结成处理"石头、玻璃、人（艺术家）"的三角关系，他拒绝"物化"意象，并引用庄子哲学进行解释："把一棵树或一块石头仅看作树或石头几乎等于没有看见。树和石头既是树和石头，又不是树和石头。也就是说，一棵树或一块石头是一个无穷的宇宙……把树或石头仅看作树或石头的观者，看见的不过是他自身具体化了的概念，把'树'或'石头'的意象物化了。"

那么这种"三角关系"发展至今经历了如何变化？李禹焕回答："因为多数艺术家都是先有一个概念，然后将脑中的概念落实到视觉表达上，所以他们会用不同的材料，例如玻璃、石头等。但是我将玻璃、石头和我自己摆在同等的位置上。我不会命令他们摆在这里或那里，也不会利用他们来表达我的思想。相反，我试图建立一种交流。很多时候我们会和对方发生联系，甚至相互照应。作为这个工程的一个结果，我的部分作品就完成了。"无论梅洛-庞蒂抑或庄子，哲学只是李氏借来解释自己作品的途径，他称自己为"指挥家"，因为解读权终究掌握在"听众"手中。

反观李禹焕同时期的日韩艺术作品，曾被归为"先锋的日韩现代艺术"，直到近几年才被正名为"日韩当代艺术的早期表现"。值得注意的是，现代艺术强调对绘画材料、描绘对象的纯粹表达，而这种纯粹性似乎也体现在李氏的当代艺术作品中。作为一个同时经历了现代艺术（学界通常认为是十九世纪八十年代至二十世纪六十年代）、当代艺术（通常认为是二十世纪六十年代以后至今）的"两朝元老"，李禹焕极力否定自己艺术中的"现代"成分，舍弃现代主义中的殖民意味。

"对于现代主义，艺术家倾向于将其个人视作'操控者'，所以艺术家会照着脑中所现而从事创作。他们总会说'这是我的艺术世界，这是我应有的风格'。"讷言敏行的李禹焕，讲到现代与当代艺术的问题却一反常态，激动非常，像是忽然打开了话匣子。

他认为现代主义艺术中有着明显的"殖民心态"，这是一种画家对画布的"殖民",即:画家在对待画布时要掌握权力,创作他们想要创作的一切。这种思维在当代语境下并不适用。如今艺术的形态分异多样,画家和艺术家地位平等。于此,李禹焕通过他的笔触和画布有了对话、沟通。对李禹焕而言,他不是抽象艺术家,因为作品不属于由他主导、控制的抽象表达。

从"从线"到近八年持续创作的"对话",笔触以看似重复却系统性的构图方式排列着,时间和空间因素交互而成,同时空间在以一种无限性外延,透过画布中的留白空间一直延伸到观者的视觉经验。

二○一一年,李禹焕在纽约所罗门·R.古根海姆美术馆举办个展"点画无限"(Marking Infinity),集中展示了他近年绘制的"对话"系列。谈到此系列如今的发展,他称自己选择以更为直接、坦率的方式来检验他自身,随之而生的亦有对"无限"的新体会:"在'从线'系列时,'无限'的概念对我而言就像是——'时间从此开始,它亦从此结束。'而后逐渐地,我发现我对'无限'有了新的看法,画布和我的笔触再加上留白的空间,共同建构了新的'无限',在这'无限'当中我能感受到画布与笔触,并且感到满足。这不再是被我命名的东西,因为画中的笔触,与空白空间,自成了无限性。"

现代主义发展过程中所经历的二次世界大战,以及全球政治、经济的冲击对艺术家心态造成的巨大影响,都令活在当下的我们难以想象。李禹焕在布展的时候,不怎么说话,最常讲的便是"多一点""少一点",他通过反复校对灯光来达到最佳状态。等到评价自己,李禹焕更习惯以"我不是……"进行叙述,而非"我是……",这种叙述被佩斯画廊合伙人兼亚洲总裁冷林称为"可觉察的文化压力"。

冷林提出，像李禹焕这类优秀的艺术家总能敏锐地察觉事物、概念、文化对他们的侵犯与侵蚀。以抽象艺术为例，李禹焕说自己并不属于抽象范畴，即说明他能感受到抽象对他的影响与作用力，他在吸收、接受、赞美西方抽象的同时又拒绝它的侵犯，这是当代艺术家在创作中的普遍问题，"这个问题有时发展成为一个冲突，有时变成一种有机的、拥抱性的抵抗。"

"物派"和形式密切联系在一起，"物派"的价值在于它在融入形式的时候，不能完全地融入。换言之，"物派"在融入与不融入之间保持了距离，并在这个距离之间反观形式，最后将艺术打造成一种活的、可对话的呈现。

这次能将李禹焕带到香港，冷林说自己也没想到。他最早在一九九六年就注意到了李禹焕作品，当时中国当代艺术刚开始活跃，艺术圈最先留意的自然是已获得国际认可的亚洲艺术家，并试图从李禹焕、白南准等人的经验、成果中找到可借鉴的地方。

直到四五年前，冷林和李禹焕在威尼斯双年展匆匆一见，便开启了这次展览的契机。至于为何带到香港空间，主要是因为佩斯香港空间的灵活性更适于展出李氏近年来的画作。冷林认为，香港的"小"虽在物理性上造成限制，却让艺术家在简单中创造出丰富性："他还要考虑如何在这市中心的一个十五楼的小地方发出自己的声音，发声的管道、影响力如何，合不合适等等。"

随着近两年内市场持续走高的"物派""单色画"艺术，李禹焕在全球拥有稳定的藏家团体，日韩尤甚。"李禹焕的市场很好，一是他将近八旬的年龄及其艺术活动生涯的长久性，二是世界各大美术馆为其举办个展，家乡韩国、日本为他建立起博物馆，进一步扩大他在全球的接受度。同时他的创作在当代艺术领域的独特性也让他有着明显的位置。"如今在韩国，李禹焕被视为一个文化符号，有时甚至能燃起当地民众对本国艺术的热切期望。

即便如此，冷林也表示，李禹焕的作品价值被低估了。只不过近两年在对亚洲当代艺术"重新洗牌"，以往未被充分发掘的"物派"又被推了上来，随之市场的积极介入增加了些许波澜。

然而需要警惕的是，也正是拍卖市场最先用"抽象"来形容"物派"和"单色画"艺术。因为这类词汇简单明了、易于辨认，实际上艺术家本身并非在从事抽象艺术，或者他们毕生从未将自己视为"抽象艺术家"。因此，观众需对这种被市场冠以的"抽象"名号加以清醒的辨识，就像李禹焕以自己的作品为日韩当代艺术做出的正名那样。

英文对谈原文刊于《Yishu》（典藏国际版）2016年3/4月，中文版对谈原文刊于《典藏·今艺术》2016年1月刊

李禹焕二〇一四年凡尔赛宫大展展出铁及石头制成的空间装置
《Relatum——巨人的神棍》 艺术家及佩斯画廊供图

李禹焕二〇一四年纸上水彩作品《对话》 艺术家及佩斯画廊供图

荒木经惟："吻"过香港的男人

　　一个经常穿花图案的无袖背心、将头发梳理成"猫耳"形状的日本摄影师在一九九七年四月首度造访香港，以他独特的"照片私情主义"视角找寻藏在这城市角落的秘密。他的摄影是有私情的，他毫不避讳地承认自己只拍喜欢的人和物，越喜欢拍得越多，而他便是那个曾"吻"过香港的男人——荒木经惟。

　　一九七一年，苏富比在伦敦举办首个摄影作品专场，开启了西方影像拍卖市场，确定了摄影作品是具有投资价值的艺术品。四十四年后，香港苏富比艺术空间以荒木经惟的系列作品"香港之吻"领衔带来"写真！日本摄影的历史与当下"展售会（下文简称："写真！"），在一帧帧被定格的瞬间中探索日本摄影的创作与收藏之路。

　　其中"香港之吻"系列收录了五十二件荒木经惟的作品，由艺术家从逾五千张底片中精选出来，经日本视觉媒体公司Amana代理参与展览。苏富比当代亚洲艺术部主管林家如概括"写真！"展览独有的两个"第一次"：既是香港苏富比艺术空间的第一个摄影展，又是荒木经惟以香港为背景摄影作品的首次发表。

　　采用铂金涂相印相技术印刷的"香港之吻"保存期可达五百年，每张照片限定五个版本，从艺术品材质与版数两方面保证了这批作品的收藏质量，能够长久留住黑白光影的感动。苏富比当代亚洲艺术部资深专家黄杰瑜认为荒木经惟的"香港之吻"具有一定的私人性，将香港拟人化地比作伊人，契合了荒木经惟曾以日记写下的香港印象："'香港'不就是指'芳香的海港'吗？这么诱人的魅力，如同一缕香气在这个城市中四溢。"

日本当代摄影艺术在战后开始发展，以荒木经惟为代表的一代先后经历了上世纪六十年代日本"广告摄影"的流行，逐渐接受将摄影变成个人艺术的表现手法，并不断萌生出新的、强烈的意识。

再看"香港之吻"，艺术家发展了阿尔弗雷德·斯蒂格利茨（Alfred Stieglitz）"画意摄影"的概念，将相纸当成表意的画布。荒木经惟没有选择刻意地在照相机前摆置元素，而是将结构本身当作拼贴，雨后街道上的消防栓，地铁里的白衣女子，倾斜的维港海面……一切都变成荒木经惟镜头下的符号，又像是恋人纷纷的絮语，印证了他的说辞——"在香港，我不懂这里的语言，然而拍照的时候，想法是可以互相理解的。"

荒木称，香港吸引着他，以它潮湿的温度，拥挤的建筑，甚至是正为七月回归做准备的城市施工场地都实在刺激"情欲"（joji）。这次展出的五十二张作品同时提供单张收藏与整套收藏的方式，单张作品的售价按尺寸、材质的不同定于数千至两万多美元之间，而整套购买的总价是二百万港元。展览的主旨在于借摄影推广"艺术生活化"的概念，除了荒木经惟，同场亦展出森山大道、细江英公、蜷川实花、川内伦子、水谷吉法、赤鹿麻耶、Kosuke及Nerhol的作品，让数代艺术家同台献艺，在形式上有平面与立体摄影两种形式。

"全场作品的总值不过是几百万美元，可能还没有一张油画价格贵，但我们希望透过平易近人的价格降低收藏者入门的门槛，吸引对摄影有兴趣的藏家，顺应亚洲艺术品市场年轻化的趋势。"林家如说。

然而，比起西方当代摄影单幅作品已达数百万美元的情况，亚洲当代摄影与欧美作品相较，在市场表现上仍有明显的差距。

辛迪·舍曼（Cindy Sherman）于一九七七年创作的《无题电影剧照》二〇一四年纽约佳士得拍卖会上以五百九十万美元成交，而史上最高价的摄影作品实为安迪·沃荷（Andy Warhol）的自拍照，曾在二〇一一年伦敦苏富比春拍以一千七百四十万美元的高价拍出。无论是伦敦或纽约，摄影艺术皆已成为继绘画、雕塑之后的第三大艺术专项。当被问到苏富比何时能在亚洲为举办亚洲摄影艺术拍卖专场时，林家如与黄杰瑜这两位专家相视一笑，异口同声地回答："很难估计，但现在讲拍卖专场是言之过早。"事实上，亚洲摄影家作品的价位与亚洲艺术市场对摄影的接受程度都有待提高。

西方摄影比亚洲走得靠前，就像是日本摄影比中国摄影走得靠前，摄影艺术的发展与当地胶片工业、影像技术及经济环境都有关系。想要在市场上取得显著提升，先需要艺术家在市场上有成熟、稳定的认可，本地藏家也需要形成较为完整的收藏系统。相比日本，中国当代艺术摄影从上世纪九十年代开始发展，虽然王庆松、杨福东等人的作品在外国市场也曾取得数十万美元的拍卖成绩，但他们毕竟是大多数中的少数。

回到展览的主题"写真！"，写真在日语中指的恰是摄影，一个"真"字似乎浓缩了按下快门的瞬间与镜头传达出来的微妙情感。面对一个季节，一抹风景，镜头下的表现都截然不同，那么摄影为的是什么？荒木经惟曾在《其实我啊，相信写真》一书中写下这段话："我拍照也不是为了'纪念'，而是'能拍'，我有种能够拍下'写真'的预感，同时又担心万一真拍到了可怎么办，身为摄影家的我往后岂不是没事可做，得告别摄影了？三之轮、金杉、入谷、千束、根岸、莺谷、泪桥、南千住……十一月和十二月，我在从前玩耍的地方边走边拍，甚至去了妻子出生长大的北千住国，还去了与三之轮很像的京岛。然后是向岛、玉之井……拍完一百卷底片后，我拿放大镜看着接触印相，还是觉得能看见木屐铺招牌的那一带最好。放大镜里的那些场景，是远景，也是冬景。放大镜里的冬季景色中，有我。"

游走在苏富比艺术空间内，观者不自觉地变成像荒木经惟一样的城市"漫游者"（Flaneur），凝望着他眼中的香港，也许是另一个我们所不了解的家乡。展厅墙上悬挂着上世纪拍摄的一些原始老照片（Vintage Photos），为这漫游蒙上了一层黑白胶片的氤氲色彩。

原刊于《大公报》收藏版"汲宝斋"

2015年7月1日，B17文化版

荒木经惟一九九七年作品《香港之吻》[HK9001]，铂金涂相，76.2x111.8厘米
艺术家、香港苏富比艺术空间及AMANA供图

水谷吉法二〇一三年作品《彩色044》，颜料墨水打印于哈内姆勒硫化钡
艺术纸，145.6×97厘米　艺术家、香港苏富比艺术空间及AMANA供图

杨腾集：“跳出来的”才是好作品

二〇一五年五月，笔者在“艺术北京”经典馆内偶遇一对来自台湾高雄的收藏家夫妇——杨腾集、李素花，两人本是以画廊主人的身份参与到艺博会中，却不见他们着急销售艺术品，反倒有工夫向来客介绍俄罗斯近现代油画名家的流派风格。“不怕卖不出去，主要是想和大家分享。”到了十一月，两位藏家特意从高雄搭高铁到台北，除了和笔者在台北国际艺术博览会结伴同行，一诉他们近三十年的收藏情缘。

一九九一年十月，汉乡艺术正式在高雄文化中心的五福一路成立。杨腾集和李素花，一个是艺术总监，一个是画廊执行长，一个专攻绘画，一个广交朋友，搭档在一起好不合拍。在画廊运营到一九九九年时，杨腾集放不下年轻时的“画家梦”，只身前往北京中央美术学院油画系求学，成为央美有史以来第一位“台湾学生”。当时担任其老师的有靳尚谊、杨飞云等写实派画家。

“因为是真心喜爱绘画，所以才专程到北京求学。”杨腾集说。一走就是三年，他在北京求学时接触到艺术品投资，并开始从艺术家脉络入手研究、购买部分北京写实主义名家的作品。其间，他通过朋友购入十张靳尚谊和杨飞云的画作，并将这批“宝贝”送回高雄。李素花回忆说：“我印象最深的是，那时杨腾集总是叮嘱我，你不能卖掉靳老师和杨老师的画，这些画未来会有它的价值。后来我们发现，手里没卖掉的画在十五年中果真'翻了几番'。一路运营画廊、一路收藏，我体会出大收藏家一定要收得住画，要收而不是卖。"

中国写实主义绘画和俄罗斯（苏联时期）的绘画有着紧密联系，北京的老师建议杨腾集再去俄罗斯深造，把油画基础学好。于是，杨腾集又前往俄罗斯圣彼得堡列宾美术学院学习了两年油画。不料，圣彼得堡的美术老师看了杨氏作品，叹气说："你们华人来俄罗斯学画，画出来的东西还是中国的，你们画的和俄罗斯同学画的完全不一样。因为你不了解我们的民族风情、文化背景、生活动态，你便没法深入。"

此话如醍醐灌顶，杨腾集自那时起意识到因文化差异，西方人与中国人的审美方式存在诸多不同。留俄期间，他买入不少俄罗斯画家的作品，包括梅尔尼科夫（Andrei Milnikov）、特卡乔夫兄弟（Tkachov Brothers）、伊凡诺夫（Victor Ivanov）、格里查依（Aleksei Gritsai）等。其中，曾多次来华讲学的梅尔尼科夫是杨氏最喜爱的艺术家。梅尔尼科夫擅于运用夸张和变形，在平面处理中追求装饰性，在立体造型中追求雕塑感和纪念碑效果。同时，画家注意色调的微妙变化，有意识地把笔触和刮刀的痕迹，作为绘画语言的一部分。

"中西审美的差异彻底改变了我的收藏方向。"杨腾集每日面对名家画作，久而久之练就了一对"西方人的眼睛"，他认为评价画作需同时站在西方人的角度，因为西方人不懂中国人的生活，多数情况下看到的是艺术品的"精神概括"，而无法区分细节。恰因如此，"西方人的眼睛"有助形成更为客观、直接的反馈，在艺博会上一眼看过去有二三张能"跳出来"，那么"跳出来"的就是好作品。

李素花认同杨腾集的"眼光",将收藏视为一种布局。她说,汉乡收藏俄罗斯绘画已超过二十年,现在是时候将其中的部分介绍给内地藏家,一来可以和这些受苏派绘画影响的艺术家、藏家交流,二来进一步把目光投向亚洲。这次访谈,笔者才得知这对"夫妻档"不仅在"艺术北京"结交了许多新朋友,还吸引到中国写实油画家艾轩的注意,"艾轩很有兴致地看画,还跟我买了一张小画。"

如果将中国、俄罗斯写实主义油画视作杨腾集收藏取得的"第一桶金",那么接下来他涉足的领域就是近二十年"风起云涌"的中国当代艺术。杨腾集认为中国当代艺术的起飞是一个必然,"艺术家的产生和其所属国家及区域经济的发展息息相关,国力强的地区会带来旺盛的艺术品交易,也能培育、推动最好的艺术家,这便是'大师'产生的先决条件。"

当然,所谓的"大师"还需要有独特的风格,最好能在艺术史上成为某个特定艺术流派的领军人物,如:莫奈之于印象派,毕加索之于立体派,安迪·沃荷之于波普艺术,或波洛克之于美国抽象表现主义。"至于推动艺术家所需的金额,我预估至少要花费二三亿人民币,而且还需要顶尖的国际画廊做后盾。在全球不断曝光中,艺术家才能走上来。"说到艺术品市场,杨腾集表示除了资金和资源,观众的认同亦很重要。也许正是出于这个原因,目前不少的台湾画廊都积极代理海外艺术家。

据Artprice第一季全球艺术市场报告,中国公开拍卖市场在二〇一五年上半年出现缩减倾向,拍卖行上百万富豪数量从去岁同期的二百八十六位减少至一百七十位,流拍现象屡见不鲜。而这一情况在步入二〇一六年后并未好转，《TEFAF2016全球艺术品市场报告》中文版记述，中国市场较过去相比，销售额下降了百分之二十三。有人说这只是今年市场受"股灾"影响后的短期现象，杨腾集却劝诫新藏家："入市需小心。"

杨腾集总结艺术投资是呈一个金字塔形的结构："买画要'抓头'，'头'指的是处在金字塔顶端的艺术家，他们拥有最多、最强的藏家与资源，如果他们的市场有起色，金字塔下部的艺术家才会有机会上浮。"基于这个考虑，当海外藏家出售中国当代艺术"四大天王"的作品，他仍坚持支持方力钧、张晓刚、曾梵志等人的作品。二〇一四年北京保利秋拍，杨氏夫妇在现当代艺术夜场中收获方力钧二〇〇六年作品《2006.5.5》，成交价超过四千万新台币（约七百九十三万人民币）。

在"新水墨"部分，"抓头"的道理同样适用。杨腾集看好当代水墨板块，尤其是刘国松、徐累、刘丹等人的作品。"有时候看，艺术品市场和股票市场很像，涨了几年就要回一回档。趁回档的时间，新买家就可以入场。为什么刘国松的作品会越来越好？因为他拥有的不仅是台湾藏家，还有新加坡、内地、香港、韩国的藏家，甚至连美国人也喜欢，慢慢形成了'众星捧月'的效应。"

同年十二月，汉乡将在高雄画廊内举办刘国松收藏展，展出四十多幅刘氏作品，多数收录于去岁出版的收藏画册《画·家·藏》。值得一提的是，这本画册将夫妻二人的绘画、交流和收藏经历融于一身，画册中亦有杨腾集本人创作的"韵系列"作品。杨腾集空闲起来还会执笔作画，但更多时候是飞来飞去地参展、淘宝，像"雷达"一样寻觅好的作品，并揣摩市场最新的动向。

那么开画廊到底赚不赚钱？李素花笑答，他们夫妻好客，很少在高雄画廊里卖画，藏家朋友一来都是聊天。既然是私藏，卖掉时自然心疼，却也伴随着一种奇妙的成就感。多年前，杨腾集曾在香港见到一张有补画痕迹的张晓刚作品，他询问画廊主这幅画是否补过，画廊主竟一时哑言。拆开画框看看作品的背面，果然有补过的痕迹。即便如是，他认为自己的眼光还需要锻炼，但亦企盼与有眼光的行家、藏家多交流："等到时机成熟的时候卖画，有人喜欢我的东西，这证明我的眼光准确！"

原刊于《大公报》收藏版"汲宝斋"

2015年11月25日，B21文化版

曾梵志二〇〇〇年作品《面具系列》 艺术家及汉乡艺术供图

汉乡艺术在深圳国际艺术博览会上主推俄罗斯油画，其中展售特卡乔夫兄弟（Tkachov Brothers）的《雪景》 汉乡艺术供图

刘家明：与艺术家共同成长

在二〇一五年年初发布的"拉里名录"（Larry's List）《2014 艺术品藏家报告》中，列举了立足香港本土的五位（组）藏家，分别是林伟而（William Lim）、莫妮卡与马克斯·博格夫妇、刘家明（Alan Lau）、刘銮雄（Joseph Lau）及郑志刚（Adrian Cheng）。收藏家获选的标准十分严苛，须同时具备以下三个特征：拥有一百万美元现金、活跃在艺术品市场、拥有大量藏品。

五人之中，"后起之秀"刘家明（Alan Lau）以敏锐、独到的"收藏嗅觉"，自收藏"九龙皇帝"曾灶财的涂鸦作品以来，短短十年中已坐拥百余件私藏艺术品。目前，刘家明是英国泰特美术馆亚太区购藏委员会的成员之一，同时还是香港 Para ∕ Site 艺术空间的联合主席。

一九九七年毕业于英国牛津大学（获工程硕士学位）的刘家明于同年返港，加入了全球管理咨询公司麦肯锡。他毫不避讳地说，从教育到工作都与艺术无关，自己曾经是个不折不扣的"艺术门外汉"。到了英国，博物馆、艺廊比比皆是，他却很少前往。他只依稀记得到过萨奇美术馆（Saatchi Gallery），看过达明安·赫斯特（Damien Hirst）的鲨鱼《生者对死者无动于衷》（The Physical Impossibility of Death in the Mind of Someone Living），作品中包含的"寻获物"概念触动了他。

"艺术是什么？什么是艺术？"从那时起，刘家明不断在心中问自己。他发觉，艺术不应局限在架上，YBAs（Young British Artists，青年英国艺术家）所带来的疯狂、抽象、戏谑的装置与概念创作，也是艺术。"于是我对当代艺术愈来愈感兴趣，想要认识更多。现在我关心的主要是内地与香港艺术，大概是因为与自己的根有关吧。"

刘家明说话既严肃又幽默，条理分明，出口先是梳理好的论点，接踵而至的便是丰富的论证。因此，刘家明的收藏方式也颇有逻辑，他按照自己感兴趣的范畴将所藏分为五类：文字与语言、科技、身份象征、城市化的中国，及音乐、声音与行为。

他收藏的文字创作者有曾建华、"九龙皇帝"、徐冰、邱志杰等人的作品，几个人风格完全不同，但文字却是相通元素。刘家明以徐冰的"读风景"（Landscript）系列作品为例，讲述自己钟情文字在书写、呈现之中的张力，徐冰的作品看似中国书法却又非中文，细看才知这些文字实为英文字母。同时他认为，徐冰画中的"石""草""松"等字形和字义兼具了造型功能，令绘画、文字与书写相互结合。

在刘家明文字类藏品中，香港本地艺术家周俊辉是另一个代表。艺术家常在画布上再现港产片电影版的场面：中英文字幕同时出现，却又相异相斥，似乎说着截然不同的故事。迷失在文字间的矛盾性、暧昧性令其体味到收藏之趣。

"我也喜欢关于中国城市化的题材，我们'70后'在成长中目睹了中国经济起飞、社会变迁的过程。广州（现居北京）的女艺术家曹斐以很多摄影、录像反映了这个话题，谈的是中国新一代如何在'一孩政策'下寻找自己的问题，也有对中国消费主义浪潮的反思。"刘家明说。

曹斐早期作品"角色"系列（Cosplayer Series）反映的正是中国南方社会所发生的急剧变化，艺术家的创作素材源自其成长的珠三角地区。影片中，"黄金圣斗士"的扮演者看似无所不能，可在白日梦过后，身穿奇装异服的他们，却要重返坐在沙发上读《广州日报》的父母身边。

刘家明在曹斐作品中找到了共鸣，出于兴趣使然，他搜索到曹斐所属的画廊（维他命艺术空间），决心前往广州见见艺术家曹斐，也见见她的作品。然而，令他想象不到的是，这购入艺术品的过程堪比"面试"。维他命艺术空间的负责人张巍、胡昉和艺术家是"考官"，他成为了受考核的一方。"第一次有这样的经历，后来我才知道进行'面试'是为了摸清我的底细，确认我不是个'炒手'，好在我最后顺利通过了考试。"

有趣的是，刘家明与艺术家的熟络过程也可见于作品。曹斐作品RMB City（《人民城寨》）中，刘家明以第二任市长（第一任为乌利·希克，Uli Sigg）的形象出现，有机地介入到艺术表达中。在这个虚拟城市中，刘家明曾仿效奥巴马发表就职演说，在台上高谈如何拯救经济。

最后聊到收藏的要领，刘家明认为没有什么要领可言，个体经验总是不同的，建议倒是可以给几条：收藏应该讲述你自己的故事，藏品与藏品之间要产生联系。浏览拍品或展品时，无需心急，慢慢审视。"记得我有一次在拍卖行买东西，没有留意'Condition Report'（藏品状况报告），你猜怎样，回家后竟发现画作背面有个洞。"随即，刘家明自嘲一句："这倒是'物超所值'的一个意外惊喜。"

如今，刘家明身处何方？倘若你在巴塞尔艺术展见到一个穿梭在众多画廊展区中、开怀探讨艺术、忙碌着订购艺术品的身影，那人应是他——Alan Lau。

原刊于《大公报》收藏版"汲宝斋"
2015年3月18日，B20文化版

刘家明在曹斐《人民城寨》（此为互动实验式作品截图）中担任第二任市长，
第一任市长是乌利·希克（Uli Sigg）　艺术家及刘家明供图

徐冰二〇〇〇年作品（"Landscript"系列） 艺术家及刘家明供图

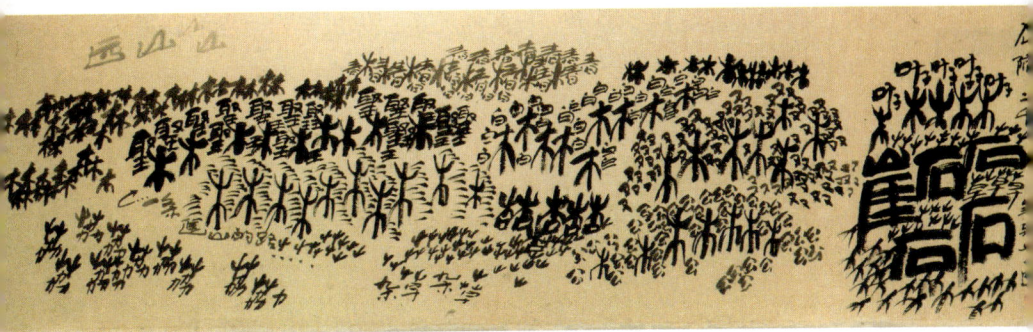

小汉斯：科技带来新的"展示特性"

　　每个人都会有第一次，不过对于策展超过二百五十次、访谈纪录将近两千小时、时任伦敦蛇形画廊联合总监的小汉斯（Hans Ul-rich Obrist，汉斯－尤利希·奥布里斯特，下文简称：HUO）而言，"第一次"尤显得难能可贵。在这位瑞士籍国际策展人的名声背后，在永远都聊不完的"访谈马拉松"背后，站着一具渴求艺术实验的灵魂。近三十年中，小汉斯不断走访艺术家工作室。亦因如此，他在去岁中国之旅中发展出"HACK SPACE"的构想，香港首展将完成他一个想做而迟迟未了的心愿。

　　周婉京（下文简称"周"）：在你的书《策展简史》（A Brief History of Curating）中，看得出你和许多欧洲、美国的艺术家、策展人、评论人都维持了稳定、长久的关系，你最早如何接触到策展？和中国艺术家的相处之道与欧美艺术家有怎样的不同？

　　HUO：就基本而言，策展吸引我并成为我人生重点这件事要追溯到我在瑞士生活的青少年时期。当时我只有十六七岁，我结识了Fischli/Weiss，他们建议我去罗马拜访阿里杰罗·波堤（Alighiero e Boetti），这几位欧美艺术界大师是我的引路人，令我受益匪浅。时至今日，我认为自己对艺术家的关心、对艺术本能的求知欲都未曾改变。一到周末我会旅行，在途中拜访全球各地的艺术家。后来我发现，这种拜访已成为我日常实践的一部分，我和艺术家在工作室里的对话往往是持续性的，有的可以持续几十年，其间不断涌现出新的灵感。

上世纪九十年代初，我在卡地亚基金会（The Cartier Foundation）艺术家驻地计划的邀请下，以策展人身份前往巴黎。驻留期间，黄永砅就住在我隔壁，后来我们成为挚友。在与黄永砅的交往中，我意识到不应将目光只聚焦在西方艺术上。自此开始，我陆续做着关于中国历史、现代性的研究，一路延续至今。例如，在一九九七年至二〇〇〇年的"移动中的城市"系列展览（Cities on the Move，与侯瀚如共同策展），这些展览既能反映出我不断移动着的生活经验，也见证了策展范畴的变化。

周：那么，蛇形画廊（Serpentine Galleries）今年三月与K11 Art Foundation（KAF）联合举办的展览"HACK SPACE"是以怎样的方式呈现？这次算是你策展的"香港首秀"，与以往你在中国参与过的展览相比，有怎样的关联？

HUO：虽然我曾在中国策划过许多展览和项目，例如广州三年展、参与策划《中国发电站：阿斯特鲁帕·芬里收藏中的中国当代艺术》、二〇一五年在龙美术馆策展"15个房间"等等。我很开心能有这次"香港首秀"，我一直都很喜欢香港，如今终于有机会能为这个城市策展。实际上，在策划"移动中的城市"之时，我就留意到香港作为新型亚洲城市的独特性。

具体到这次展览，它起初算是西蒙·丹尼（Simon Denny）伦敦个展"组织下的生产"（Products for Organising）的一个延续。

崔洁绘画作品《仙鹤的房子#1》 崔洁及 LEO XU PROJECTS供图

值得一提的是，在KAF团队陪同之下，我和西蒙·丹尼一起前往中国内地造访了超过十六个艺术家工作室。我负责提问及记录，西蒙·丹尼则在他们的工作室画画（这部分画也会出现在展览中）。在这次造访之后，我认为"HACK SPACE"会以很有趣的面貌呈现，因为我们将展览地点相关的本土语境带入讨论。参与到本次展览的中国艺术家分别是徐文恺（又名aaajiao）、曹斐、崔洁、郭熙、胡庆泰、黎清妍、李燎、梁硕、陶辉、徐渠及翟倞，他们的作品涉及数字媒体、虚拟艺术、黑客及互联网社交，多为艺术和科技的结合，这和西蒙·丹尼对高科技数字经济下产物的关注不谋而合。

周：可否谈一谈你在艺术家名单、艺术作品选择上的考量？

HUO：英国艺术家理查德·哈密尔顿（Richard Hamilton）曾对我说："人们只会记得显露出新的'展示特性'（Display features）的展览。"这成为我每次在策展前先会思考的问题。

西蒙·丹尼在其伦敦个展就特性的问题亦提出疑问，他的作品是有关物质与非物质价值、数码时代中信息窃取、情报收集、财产等的综合反应。这次在香港展出的新作品不仅反映出建筑的特性，经西蒙·丹尼对已有空间改造而成的作品，也指向香港、深圳和其他中国城市内被重新界定的网络系统。

中国艺术家方面，崔洁的画是一种图层式的表达，她以自己拍摄下的建筑照片作素材，讨论城市规划中空间的问题，这就和西蒙·丹尼建筑式的表述有互文性。梁硕的作品就不同了，他反映的不是具体的建筑模型，而是虚构的模型。

有趣的是，我发现新一代的中国艺术家和数码、科技的联系越来越紧密。对虚拟的偏爱在徐文恺（aaajiao）的作品中也有体现，他针对电脑软件的艺术应用，研究他和同龄人生活在数码调制时代的自处方式。曹斐目前正在北京做一个非常有趣的作品，探讨因复杂的城市规划系统而产生的逐渐模糊的城乡边界状况。再如，陶辉会展示声音装置的作品，而香港的艺术家黎清妍将带来与建筑特性有所联系的绘画等。如此看来，与正在发生的科技议题紧密相关，同时表现建筑性的结构或思路，这两点贯穿了整个展览。

周：去年九月，你在上海龙美术馆西岸馆与克劳斯·比森巴赫（Klaus Biesenbach）共同策展"15个房间"，当时参展的艺术家中亦有曹斐。可否以曹斐作为案例，对比说明两个展览的异同？

HUO：没错，曹斐是唯一一个同时参与到这两次展览的艺术家。上一次，在"15个房间"展出的是她的行为作品《即将上演》（Coming Soon），这次香港展出的是科技题材的作品。实际上，我和她早在九十年代末就认识，我很欣赏她在跨领域活动、跨领域创作上的能力。她总能生产出独特的视觉景观，关于这一点我曾在二〇〇六年一月的《艺术论坛》（Artforum）上作过评论。二〇〇八年，我邀请她到伦敦蛇形画廊举办个展，展示她的虚拟世界——《人民城寨》（RMB City）。

再看她时下作品，我认为她转向对记忆的关注与协调，其中很大一部分来源于城市记忆。她在新作中设有机器人角色，这些来自外太空的参观者，不断游走在城市的边缘（Urban fringe）。去年，《即将上演》在上海展出时，两套架子鼓呈九十度固定安装在一个空间的两侧墙上，两位演员在空间内向两侧荡秋千，每次都试图在最大限度的晃动距离中，用身体最远的部位去碰触乐器，由身体奏出的音乐营造出一场音乐会（Live concert）。等到摇摆停止，音

新西兰籍艺术家西蒙·丹尼（Simon Denny）二〇一五年的
"Formalised Org Chart Architectural Model"系列作品之一
艺术家及KAF供图

乐也戛然而止，观众又会得到意想不到的安静。

在科技发展与都市生活的影响下，虚拟与现实混淆的问题，正是许多中国艺术家目前关心之所在。在我接触到的几代中国艺术家身上，他们创作的多样性令我着迷。从我最早认识的黄永砅到千禧年左右认识的曹斐等一批艺术家，再到年轻一代艺术家（例如双飞艺术中心、胡向前），总能持续地带给我惊喜。同时，几代人的经验随着数码科技的进步，产生出变化。基于经验的实验，我想会是"15个房间"与"HACK SPACE"的共通之处。

周："HACK SPACE"策展过程中，在材料、表述方面做了怎样的取舍，是否曾遇到内容和形式不相符合的情况？

HUO：作为策展人，你要清醒地意识到你不是为某个概念画插图或作说明。一旦你倾向于作说明，那么这个展览会变成一本书，不再是一个展览。时至今日，策展不只单纯对艺术史、文化遗产负责，它已变成一种传播手段，作为策展人所打造的展览应向公众提供未尝试过的体验，而非是插图或立体书。在现实生活中，所有事情会在同一时间找上门，你必须迅速下决定。

我曾受到法国哲学家让－弗朗索瓦·利奥塔（Jean-François Lyotard）的影响，他在一九八五年受庞毕度艺术中心邀请策展了"非物质"展览，当时他已经开始处理信息技术革新对人类生存状态造成影响的问题，利奥塔以他的哲学思维将展览塑造成一个迷宫，在这里你需要产出思想。我们生活在一个对象、准对象、非对象共存的世界里，构成彼此互相作用的主体关系。我常对艺术家们尚未完成的作品感兴趣。

策展人的角色是帮助他们有效地解决问题，所以不能逃避。当西蒙·丹尼给我看他的新媒体作品时，我想用一种开放的方式构思整个展览，因为我知道展览应予人们以体验，而非迫使他们去阅读。

周：不过，在与赞助商、博物馆、基金会打交道的方面，你是怎样帮助艺术家的？

HUO：策展人的工作正是帮艺术家连接（Junction-making）他们脑海中的计划与现实，进而实现他们尚未完成的创作。这次展览由我和同事Amira Gad协作完成，我们一直都认为展览的本土性与全球性同等重要。面对"对话"，你总要混合内部和外部角色的各类声音，否则你的声音很可能走向同质化。我和西蒙·丹尼在KAF创办人郑志刚先生及其团队一起造访了艺术家工作室。对西蒙·丹尼而言，他首次来到中国便获得许多启发；对中国艺术家而言，这是第一次和西蒙交流，部分年轻艺术家亦可借此机会首度参与国际性展览。在此过程中，庆幸的是，我们和郑志刚先生很自然地达成共识——"HACK SPACE"需要兼具本土性与全球性，两者缺一不可。

周：你如何看待艺术群组和艺术运动之间的关系？在中国内地，当代艺术的发展曾按照不同时代出生的艺术家组成过不同的群组。同一时间，我们看到你也捕捉到时代变迁对艺术造成的影响，例如你近几年从事的"89后"（89plus）计划，这次展览会不会有可能成为你推动新一批中国当代艺术家的方式？

HUO：我觉得群体的出现和地缘没有直接关系。在二十世纪中期，欧洲曾有过达达运动，而在一九八六年黄永砅曾发起"厦门达

曹斐视频录像新作《伦巴之二——游牧》片长十四分十六秒，
此为截图定格影像之五　曹斐及维他命艺术空间供图

达"群组，艺术运动和艺术群体的联系在全球都很普遍。我认为在艺术运动的早期，艺术家会以群体示人的主要原因是由策展人促成。相反，我不会刻意组织一个群组，因为这种捆绑式的展示方法无益于艺术创作本身。一九八九那一年汇集了许多事件——柏林墙倒塌、万维网的出现……自此以后的二十余年，互联网牵引的网络生活为我们塑造出新的身份。"89后"计划不是群组，而是一个开放性的不断发展的国际青年艺术家培养平台。

周：对于新展览，你有什么期待？

HUO：为了探索、拓宽艺术的概念（Notion of art），我总在尝试新鲜事物，也喜欢在新的领域展开实验。我的第一个展览就是在自家厨房中实现的，其后我还在酒店、办公楼做过展览，艺术不需要固定在博物馆展出。然而，更让我兴奋的是，在我以往策划的超过二百五十个展览中，我从未做过这样一个展览——它既是群展也是个展，作为个展还是群展，这次我做到了。

原刊于《典藏·今艺术》2016年3月刊

徐文恺（aaajiao）针对电脑软件进行艺术创作，作品《穷人採矿》
在材料上以计算机为主，混合音响、金属及有机玻璃
徐文恺、金阳平及LEO XU PROJECTS供图

辑四　闻弦歌知雅意

翟健民：公道杯不能失公道

在拍卖会上刷新成交价纪录，拍品受到瞩目，买家自然也成为话题人物。二〇〇五年，香港苏富比秋拍上曾掀起清乾隆珐琅彩双耳瓶的"争夺战"（成交价一亿一千五百万港元）；八年后，苏富比春拍上清康熙胭脂红地珐琅彩莲花盌（成交价七千四百万港元）被同一人竞得——买家正是永宝斋主人、瓷器收藏家翟健民（William Chak）。他身兼古董商与藏家的身份，替客人在拍卖行高调出手，也把自己的收藏低调经营。

翟健民一九七三年入行，带他入行的人是福成行创办人黄应豪。当时福成行的经营包括瓷、铜、竹、木、石、画等各式古董文玩，以瓷器为专长。在一九八八年成立永宝斋前，翟健民一直跟随黄应豪亲赴英国、美国、日本的博物馆展览与拍卖会现场。也是自此开始，他逐渐由分不出"康雍乾"瓷器与民国瓷器的学徒，成长为精通鉴别、收藏的古董行家。

当时，翟健民随黄应豪到日本做生意，将香港的古董拿到日本卖，再从日本买些货回来。一次交易完毕，翟氏等人拿到五百万日元（约二十万港元）账款，筹划着买点什么回去。"这时，一个藏家介绍我们到一位日本藏家家中看看，谁料这人一口气拿出十只清乾隆单色釉瓷，仿官釉、仿汝釉、仿哥釉各式各样的，这在当时是前所未有的奇闻，因为在香港五年都寻不到一件清朝单色釉（瓷器）。"翟健民说。

日本藏家对单色釉瓷的欣赏，与茶道、花道的礼仪密不可分。简洁端庄、俊秀素雅的单色釉瓷与宋瓷一并成为日本名人逸士的典藏之选。

而清代雍乾盛行摹古之风，两朝帝王均以单色釉瓷器来承继前朝遗绪——小小瓷瓶寄托君主对宋人素雅生活的向往。十件单色釉瓷中，翟健民等人最终用一百余万日元（当时折合港币四万元）买下一只清乾隆茶叶末釉如意耳出戟橄榄瓶。意想不到的是，这只官窑单色釉瓶竟在近四十年后出现在近年中国嘉德春拍"韫古撷珍——瓷玉集萃"专场上，并最终以一千二百六十五万元人民币的高价落锤。

"做我们这一行，做久了，东西总在眼前转，今天在这家手里，明天就到了那家。"翟健民说。收藏十分讲究"以藏养藏"，藏家经历过早、中、晚多个不同阶段的收藏过程后，藏品质量应是"稳中有升"，出手买卖也应依据藏品质量划分成快、中、慢三类。翟氏续说："一次收来十件藏品，其中有三件可藏五到十年，有三件可加一成价后再放回市场。我不建议藏家将有潜力的藏品一下子拿出来卖，对藏品不好，对藏家也不值得。"

由古董商转型收藏家，翟健民称缘起于其首件藏品——一件龙泉窑瓷器："我当时购入这件龙泉窑时，是好友以半卖半送的方式让给我的。也是由此开始，我对龙泉窑有研究兴趣，收了几十年，有了上百件龙泉窑藏品。"

说到龙泉窑，翟氏便让人从永宝斋藏库中取出一件龙泉窑工艺特点的"集大成者"——南宋梅子青双耳瓶。梅子青釉在烧制时对瓷胎的要求较高，釉料采用高温下不易流动的石灰碱釉，以便数次施釉来增加釉层厚度。多次施釉下，梅子青釉层比粉青更厚，釉色莹润青翠，犹如青梅，故而得名。

翟健民对宋瓷钟爱有加，一来是因为宋瓷继承了"宋代古人之血脉"，二来翟氏自觉收藏是在与藏品谈恋爱，宋瓷朴素、文静的一面对他有种特别的吸引力。等到去岁佳士得春拍，翟健民以六十万港元购入南宋湖田窑菊瓣纹公道杯。谈到这件产于景德镇的宋代青白釉瓷，翟氏难掩笑意，他从盒子中取出公道杯。

"等下会有意料不及的事发生。"说罢，翟健民将手边杯中的茶倒入杯中，公道杯中央的小瓷人竟随茶水增加缓缓浮了上来。

据民间记载，公道杯多被用作酒器，虽非瓷中重器，却有文人雅士附庸风雅、把酒言欢的意趣。翟氏指出，古人行酒令之时，小瓷人转至何处，就由谁来"受罚"喝酒、作诗。另一种关于公道杯的说法指，公道杯是为避免贪酒之人故意将酒斟得过满而造。因为使用公道杯时，盛酒只可浅平，否则溢满之酒将全部漏掉、一滴不剩，是为"公道"。

再看这件南宋湖田窑菊瓣纹公道杯的胎釉，呈乳白色，光泽柔和，温润如玉。翟健民将公道杯捧在手上，放在灯光下照，瓷的质地薄如纸，细腻通透。翟氏进而说："我始终认为'白如玉、明如镜、声如磬、薄如纸'这四句话讲的是此类影青瓷，也称青白瓷，而不是汝窑。因为汝窑要厚得多，你用手指敲打一下，不会有这种清脆的响声。"翟氏轻轻一弹，只听"咚"一声脆响。

实际上，翟健民从釉色、器型上已可判断这只杯大概有八百年历史，属湖田窑瓷器。匠师在上釉中，将几部分的瓷烧制得互不相连，可见宋代景德镇制瓷工艺之高超。影青瓷（青白瓷）的出现，也为景德镇"瓷都"的地位奠定下基础，宋应星在《天工开物·陶埏》中叹言："陶成雅器，有素肌玉骨之象焉。"

自二〇〇六年起，翟健民应邀到北京卫视鉴宝节目《天下收藏》做嘉宾，七年来他坚持每件展出的器物都需"求真"，切不可将估价由一百万说成一千万。透过荧幕，不少古董爱好者成为翟健民的"粉丝"，时常经微博向他请教鉴定之术。翟氏对新藏家会按照财力、喜好的不同提出建议，他认为如果有几十万元的"小钱"最好去买宋瓷，有过亿资产可以买明清官窑。而介于这两者中间的藏家，可按个人品味购入华丽的官窑或文静的宋瓷，选择范围更广。

在入行初期，翟健民的客户大多来自香港，他回忆说，那时接触的大藏家十分看重古董商的付出："他们是真心感谢你帮忙找到'心头好'，也是真心爱古董，买完东西，走到楼下、出了门、上了车，连鞠三躬。我和师傅（黄应豪）特别感动，觉得天南海北去寻宝有了回报。"

再看现今内地的古董买卖，翟健民指总体气氛较为浮躁、秩序较为混乱，太太刘惠芳则认为部分藏家"多用耳听、少用眼看"，改变此问题需要时间，更需依靠讲信用、惜古玩的藏家的加入。永宝斋主人始终相信，收藏本身就是藏家与市场同时沉淀、一起走向成熟的过程。

印象中的古董展，应是举止蹒跚的富商硕儒，挤在古董的海洋中辨别真伪。然而，翟健民创办的国际古玩展却不然，这里犹如大型派对，各种肤色的面孔，讲不一样的语言，却在探讨同一主题——"真"。翟氏称，出现在香港国际古玩展上的古董只有价格不同，少了真假的困惑，旨在全场无赝。"求真"亦体现在古玩展借鉴伦敦古董博览会的做法，专设专业鉴定委员会。鉴定委员会中的专家各司其职，细分为：铜器组、佛像组、玉器组、瓷器组等。在鉴定时，所有摊位的参展商都要回避，留下专家做独立判断。大会一旦发现有赝品或年代不符者，都会要求参展商修改。

翟健民认为千禧年是古董市场的转折点，内地藏家数量增多并积极参与交易。在此趋势下，他曾先后于山西太原、广东东莞举办古玩展，最终还是选择回到香港。究其原因，是为"文物流通尚未亮绿灯"——从海外将古董货品带入关，运输安全、手续及关税都成问题。"在香港，你可以做到古董的"点对点"运输（Door to Door）。而在内地，你需要先过关，接下来在文物局申报，再打火漆。例如，若想将一件器物送往山西，手续就要从香港一路做到北京：北京市文物局开封，再打火漆，之后封箱运往山西。前后好几天，过程中要送好几百箱古董，风险太大。"翟氏续感叹道，过程令他牵肠挂肚，少一个钮一个扣都不成，更别说文物出了事。

时下藏家来源愈加广泛，每年都有新面孔，内地藏家成为最活跃的人群："三天半的古玩展迎来三万多人参观，其中内地藏家比重较大。"而古玩展的现场气氛更是被翟氏形容为"温馨"，因为在这里古董商能结识新藏家，藏家能碰到素未谋面的好东西。"当中国藏家与美国参展商一道探究玉器雕工时，交流的意味远大于买卖。"

原刊于《大公报》收藏版"汲宝斋"

2015年5月27日，B23文化版

元朝龙泉八仙八角梅瓶　翟健民供图

清康熙胭脂红地珐琅彩莲花盌　翟健民供图

邓德雍：冰肌玉骨　不鬻于市

提到古玉，人们往往会联想到一连串描述财富、歌颂品格的四字成语，赵惠文王与秦昭王曾为"和氏璧"险些兵戈相向，秦汉时期则以"金科玉律"意指统治阶级不容更改的法律法规。传承至今的古玉仍继承着这些故事，其价格却不比某些新玉和明清官窑，但收藏家邓德雍独爱这冰肌玉骨，仍愿以"十五城邑"换一方好玉。

天珍堂内堂悬挂着一对楹联——"天宝地宝珍藏古物无价宝，宝地宝天精修上德有情天"。天珍堂原名天宝斋，主人邓德雍自一九七六年进入香港中艺公司工作，后任星光行古玩部部长逾十载，直到一九九三年才辞职，随后在摆花街与阁麟街交界开设小店经营古玩生意，怎知经营了两年，便因业主收楼重建而迁往荷李活道六十七号继续经营。

至上世纪九十年代末，由于当时古玩市场在内地的经济发展带动，香港的古玩市场发生很大变化。邓德雍等到条件成熟，二〇一〇年结束地铺生意而迁入荷李活道鸿丰商业中心的十四楼，从而专营自己偏爱的古玉。邓德雍说楼上比较宁静私密，不受打扰。喜好赏玉的藏家和行家自会找来，一点不担心生意，只在乎以玉会友，互相交流心得，正所谓"吾辈自有乐地也"。

邓德雍说，他的玉器鉴定眼光形成于中艺工作时的不断观摩，当时除玉器之外，铜器、瓷器、字画、杂项均对外出口，每年平均下来少说也要销售数千件货品。七十年代，香港行家对玉的研究少之又少，可以寻到的书籍不是民国的文言文，就是外国藏家写成的黑白印刷书，玉器研究可谓处在一个"真空"的状态。正因对古玉鉴定缺乏了解，邓氏常见到人将唐宋的东西当作清代来卖，这一现象在内地和香港常见，欧美尤甚。

二〇〇六年，一次偶然的机会，邓德雍在法国的拍卖会上碰见一件汉代白玉动物雕件，拍卖行将器物错估成清代，同时给出二千欧元这样令人咋舌的超低估价。"白玉的表面留有玉皮，是件非常'开门'的东西。后来询问拍卖行负责人，说连我在内，共有五个买家用电话竞投，过程相当激烈，最后被我拍下，成交额是五万两千多欧元。"

汉代有"汉八刀"一说，本指雕刻殓葬所用的玉蝉，其后泛指所有汉代琢玉工艺，赞誉刀法矫健、粗野，刀锋有力，但事实上汉代的玉雕造型亦兼得精巧生动。在雕琢工艺方面，汉代礼仪性玉器较前朝减少，圆雕、高浮雕、透雕的玉器和镶玉器物较前增多。由于技术的改进，器物的轮廓线和刻纹均显得流利。两汉玉圆雕除了玉鸟（以鹰与鸠为主）、玉羊、玉马、玉天禄和玉辟邪，也有传世少见的玉熊与玉牛。

"古玩行是七十二行以外的生意，传统的销售大多是讲手段，属半偏门。同时也是赚眼光钱，可是眼光是很个人的，会有差误，没有绝对的可靠性，一不小心就会'打眼'。"开店头两年，邓德雍因过于自信而入错货，损失数十万港币："当时香港的古董水货很多，我自觉在中艺做了十七年，以为凭经验可以闯荡江湖，跟行家也认识，什么好货没见过？结果就跟着行家买了'不开门'的东西，过了一段时间，拿出来端详后才发现跷蹊，每五件里就有一件是假的。"

自此开始，邓德雍意识到，最怕无心之失，骗了客人自己还浑然不知。虽然相信自己眼光经验，还要加上器物的来源及出处，才会更有保证。古玉造假的方式层出不穷，大致可分为三种：一是材料假，根本就不是玉的材料；二是雕工造假，可为"老玉新工""新玉新工"或"假玉新工"；第三是颜色及皮壳的作假，这也是目前最常见的造假方式。

一般以血沁为贵，铜沁次之，土沁和水银沁再次，兼得五色沁的玉器最罕见，古人有"玉得五色沁，胜得十万金"的说法。由于沁色对古玉的身价影响甚大，玉器作伪者往往在沁色皮壳上下足功夫，冀以新玉冒充出土古玉。

相反，倘若踏实地前往各地看货，多留意器物的出处，"打眼"的情况自会减少。以邓德雍个人为例，一九九四年至九九年常到内地文物店入货，主要因文物店售卖的古玩普遍传世明确，一九九九年后内地经营古玩的人数不断增加，上等货品变少，便改与太太前往欧洲各国，主要去英国和法国办货。

如今，邓德雍拥有过百件古玉收藏，自称"养"玉之道有二：一是从不随波逐流，不受近年来新玉市场炒作（和田白玉最甚）的影响，不入新玉；其二是他独爱有艺术价值的玉器，看重雕工与孤品，亦重视玉器在历史上的传承。邓氏说："别小看了玉器，风格很重要，这几十年里看玉的方式（业界有'一目三看'之说）不断在变化，以前是先看雕工，再看质地，最后颜色，现在倒转变成'颜色、质地、雕工'了。可雕工才是鉴定的标准，岂能本末倒置？"

去年五月，邓德雍在本地的一家拍卖行春拍上遇到一件唐代玉雕飞天，这件飞天正由他在约二十年前卖出。拿到拍卖图册，邓德雍激动异常，他立即找出保存多年的"幻灯"底片，好好比对了一番，"没错，就是我的那个飞天！"到了拍卖当日，他早早登记了电话竞投，估价五千港币的"飞天"，场中第一口叫价已是"五万"，接下来是十万、二十万，直到叫价八十五万元。即使价格翻了几番，邓德雍还是把它抢了下来。他怎么也料想不到，昔日的"老朋友"又回到自己身边，不禁感叹这"遇故知"的缘分。

邓氏收藏的玉飞天用料选自唐代和田白玉，又为褐沁老件，琢工精美，边角无磕碰。人物畅游飞舞在祥云之上，长裙衣带随风飘然。高高的发髻盘于头顶，着一条贴身长裙，左手持莲花。体态优雅飘逸，神采飞扬，唐韵尽源自这不露斤斧的雕工彰显，足可见"玉不琢，不成器"。

古玉背后的故事也值得寻味，佛教与道教在南北朝时期与儒教分庭抗礼，儒家那种赋予道德内涵和礼制观念的玉器体系日渐瓦解。唐代以降，佛教的繁荣为佛教玉器的形成提供了先决条件，常见玉佛、玉飞天两种器物。"飞天"一词，正是出自汉译佛典，最早似见于西晋永嘉二年所译的《普曜经》。

飞天是佛教艺术品的一个独特题材，飞天是乾闼婆和紧那罗的混合，本是为诸天服务的小神，在佛教造型艺术体系中作为陪衬、装饰而存在的。《大智度论》中载："乾闼婆是诸天伎人，随逐诸天，为诸天作乐。"每当佛讲经说法时，飞天们都会脱掉上衣，凌空飞舞，奏乐散花。此般皆大欢喜的场景使玉飞天的佩戴者，具有了崇拜佛主、供奉佛主的敬仰属性。唐代出土的玉飞天不多，若是没有巧匠细雕，这件和田白玉也许只是一件普通白玉，不知少了多少美学、历史价值。

近四十年间邓德雍目睹了市场的变化，首先是客源上的转变，七十年代的玉器生意依靠本地，当时荷李活道上有许多欧美商务客人，而八十年代中期加入很多来寻宝的台湾行家。然而在欧美金融风暴后，买古玩的外国人明显减少，买古玉的来来回回都是那几个懂货的老客人。

其次是货源的改变。自九十年代初期，内地古玩市场对外开放，刚好邓德雍离开中艺后，经常前往各省市的文物店、展售会，运气好的时候一次能"入货"几十件，现在一年来"入货"却不过五件，可谓是真正的"美玉不鬻于市"了。

邓德雍说："以前是饼大僧少，总能看到靓玉，现在货源变成'巧克力'这么小，争的人何止多了百倍。"随着古董行当"饼"的缩小，云咸街、摆花街的古董行不见了，不少店铺经营不下去，选择搬至楼上或者结业。

"我做玉器的经营及收藏，很大原因是因为它的发展空间大。在中艺的时候，国家规定乾隆之前的古代书画和瓷器都不能出口，但对玉器由于较难断代，存货也多，所以相对宽松。"再加上玉器在香港不像书画那般普及，不如陶瓷那样抢手，国际市场对玉器，尤其玉小件的兴趣不大，造成顶级藏品的均价仍算便宜。相较明清官窑动辄千万的价位，顶好的古玉不过一二百万元。

邓德雍较欣赏宋人对玉的改良与革新，圆雕物件线条优美、温和莹润，不像汉代那般威严，亦不似清代堂皇。"要知道那时的文人随身配玉，玉多用来把玩，就像现代人用智能手机一样。古之往圣有谓'天地人三才'，人乃万物之灵，没有人的存在，天地万物的存在也变得没意义了。而玉是地才，其物质能与人互通交流灵气。"

"现在，市面上能见到的好玉器越来越少，玉和其他器物不一样，进了收藏家的家门很难再走出来。"他接着举出二〇一二年在香港中文大学举办的"中国玉雕——关肇颐医生藏品展"为例，在藏家关肇颐百岁寿辰时展出其藏玉共计三百八十八件，数量之多使人惊叹。

"我认识的香港藏家都是这样的，买玉就像娶妻，过门了就是要一生一世的。"这正是传统的文人雅士通过艺术研究及玩赏来陶冶性情的精神表现。邓德雍从后厅的储藏室中取出一个宝盒，他说从这十五件古玉可一览中国古代玉雕史，从六朝到唐宋，再到明清，而宝盒正中摆着的实为曾于苏富比"仇焱之藏品专场拍卖"创下交易纪录的一朵白玉莲花。

原刊于《大公报》收藏版"汲宝斋"

2015年8月12日，B13文化版

① 清乾隆白玉雕太平有象　天珍堂供图

② 元至明青玉双仕女　天珍堂供图

③ 六朝黑沁黄玉独角神兽　天珍堂供图

④ 唐至宋青玉啡沁马上封侯　天珍堂供图

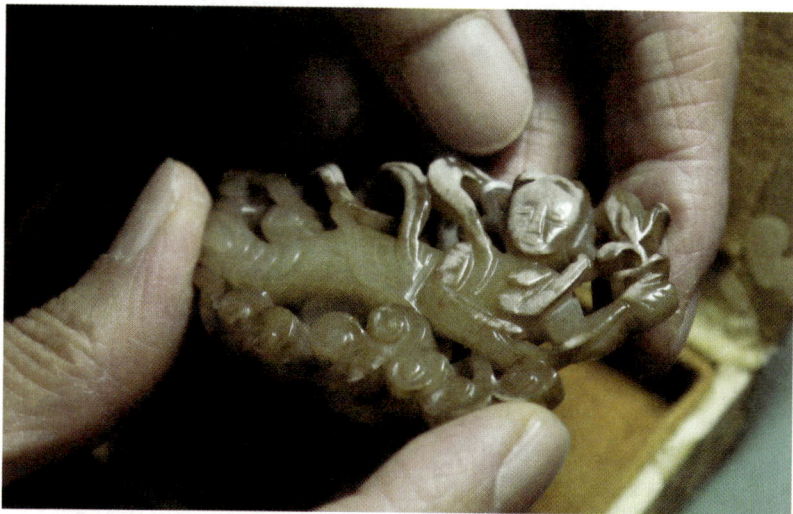

邓德雍手握唐代玉飞天　作者摄影

密韵楼：一页宋纸　一两黄金

　　清代以降，坊间素有"湖州藏天下"一说，是为对浙江湖州数百年来众多收藏家藏品的美誉。蒋汝藻的"密韵楼"，与陆心源的"皕宋楼"、刘承干的"嘉业堂"、张石铭的"六宜阁"并称清末民初的四大藏书楼。仅"密韵楼"珍藏善本古籍二千六百六十余部，其中宋本五百六十三册，手卷、册页、法帖不计其数。本文从密韵堂的一套书札手卷聊开去，寄宋人山水于万卷楼，觅金石考据于藏书志。

　　蒋祖诒（1902—1973）字谷孙，号显堂，早年从学王国维专研古籍。其父蒋汝藻为浙江有影响的实业家，并为藏书世家，以密韵楼名世。二十世纪初，受卢芹斋之邀，蒋谷孙主持北京来远公司，经营、收购古玩字画。在他旅沪期间，先后与张珩（张葱玉）、庞莱臣、叶恭绰、谭敬等人往来易物，以精鉴碑帖、版本、书画闻名。吴湖帆经过蒋谷孙介绍，入手不少精品，其中就包括：明吴伟《铁笛图》卷、唐寅《骑驴归兴图》轴、陆师道《秋林观瀑图》轴。

　　浙江南浔藏书楼密韵楼以宋元善本为多，是清末民初湖州四大藏书楼之一。早期曾称"传书堂"，后由蒋汝藻时以一千五百银元收得宋代湖州词人周密的《草窗韵语》一册六卷孤本，并取"密"字和"韵"字，其藏书阁为"密韵楼"，此书斋名亦有私家珍藏之意。

据苏富比亚洲区中国古代书画部主管左昕阳考证，原址在湖州的密韵楼，如今已不复存在。而蒋谷孙本人，也在上世纪四十年代末携家藏前往台湾，后任台湾大学教授，著有《思适斋集外书跋辑存》等。蒋谷孙是台湾收藏界的泰斗，相当于张葱玉在国内鉴藏书画领域的地位。然而很可惜，国内学界对蒋谷孙的文献记录甚少，较为人知的是王国维帮助蒋汝藻编撰的《传书堂藏书志》，分为手稿本、清稿本两种，手稿本九册现藏在北京国家图书馆。

在古籍收藏中，市面流通的宋代书札，是所有类别中最为罕见、稀少的，遂有"一页宋纸，一两黄金"的说法。左昕阳印象中，只有一九九六年纽约佳士得专场，算得上是数十年来规模最大、品相最好的宋代书札（及古籍善本）拍卖。"宋代书札基本上都分藏在各大重要博物馆中，在市场上是可遇不可求的。即便民间有藏家收藏，也都是人家压箱底的宝贝，绝不会轻易拿出来。"相比之下，左昕阳征集到的八大山人、石涛字画要多一些，宋人的东西寥寥无几。

密韵楼藏有一套宋张文靖《书札四帖》，可知晓宋人书札魅力。张文靖在宋宣和末年为监察御史，在《宋史》中有传。此卷集张文靖的四通书札，分别书予路允迪、梁仲谟、李仲仁与王严起。单从书信内容来看，反映到宋朝廷渡江之后文人、官员的生活境况，行文亦提及当时有少数部队在北方对抗金兵。

其次，再看各札书法，行笔流畅、意态有致，正是宋代时兴的"尚意"书风。左昕阳称张文靖因是官员，虽然不可避免地受到宋四家"苏黄米蔡"之影响，但究其根本，他的书法还是与"二王"（王羲之、王献之）的更为相近，有其二人行书《兰亭序》《怀仁集王圣教序》的影子。

而这亦说明，帖学在宋朝廷内十分流行。宋太宗曾命翰林侍书王著将《淳化阁帖》摹勒于内府石头之上（一说摹勒于枣木板上），刻于秘阁。据密韵堂传人透露，蒋谷孙曾在一九二九年收藏《淳化阁帖》最善本之六、七、八册，王羲之书帖三册，额书斋名为"官帖簃"，并嘱吴湖帆画《官帖簃图》裱于册首。此三册而后与第四册《淳化阁帖》合在一起，于二〇〇三年被上海博物馆从纽约佳士得中国古代书法拓本拍卖专场购回中国。

而在每札之后，都有清代书画、古籍鉴藏家陆心源的考释，对《宋史》和张文靖其人其事都做出详尽考证，并将考释题跋收录在陆氏的《仪顾堂题跋》。"这里面就牵涉到一个传承的问题，书画、古籍想要著录有序，便需依靠不同时代的藏家一个个传下去，如同接力赛跑一般。"左昕阳说。而陆心源并非清朝唯一一个考据学学家，那时崇尚金石考据之人还有翁方纲、阮元、伊秉绶等人，集中出现在乾隆、嘉庆年间，形成了"乾嘉"考据学。

相似的是，民初岭南藏书楼五十万卷楼藏晚明人沈士充手卷《溪山秋色》，此卷亦有宋人"尚意"。沈士充是董其昌最具代表性的学生，其艺术创作除了承继其师，亦融入宋苏东坡的笔墨追求——从婀娜的山林为开首，渐推至平远丘壑，最后在皴染温润的溪流中收笔。

左昕阳认为，明清书画中常带有"仿宋"意味，无论是董其昌抑或清初四王（王时敏、王鉴、王原祁和王翚）的艺术理论，多少都曾借鉴宋人。宋代艺术给人的感觉是"温文尔雅，不过火"，这和明代的雅致有所不同，宋代更简约、更讲求一种法度。他分析称："宋代是中国艺术的顶峰，书画、瓷器、文学都是齐头并进的。

宋之后的中国传统艺术，尤其是书画，实际上是不断理解、重新解读宋人的东西。"

适逢中国古代书画专场拍卖，香港苏富比重点推出密韵楼收藏的十一件（套）藏品，以手卷、册页、立轴居多。若再溯宋人影响，石涛的《山水册》不可不提。

苦瓜和尚的这套十开册册页，属他早期的作品。山水表现神似黄山，干笔皴擦辅以淡墨阔笔，尺幅虽小，却可谓片片珠玉。据左昕阳推算，创作年份约在一六六六年至一六八〇年，恰是石涛在安徽宣城敬亭山和黄山生活的十五年。"宣城时期对画家的影响很大，他在此阶段受到新安画派影响，描绘的山水与他后期的老辣用笔有很大不同。新安画派画家如戴本孝、弘仁，他们都有一个重要特点，就是'枯笔干墨'的皴擦。而石涛的这套册页也用了许多枯笔干墨的画法。"

再看石涛之后的创作，画家从金陵画派中吸取了浓厚、淋漓的墨斑画法，亦受到龚贤山水画法的启发。然则在三年北游后，宋画的传统又对其中晚年创作的《庐山观瀑图》《翠蛟峰观泉图》起到影响，体现在他对待自然山川的态度，以及章法布局、整体结构的气势运用。石涛好友新安画家梅清（号瞿山）将他誉为"宋李公麟"，石涛欣然接受，作诗《赠瞿山先生》一首答谢梅清。

石涛去世后没多久，清嘉庆三年，此册初为朱野云所藏，临有石涛《种松图》自写像于册页之首。朱野云后将册页赠与伊秉绶，墨卿有隶书"苦瓜和尚山水"六字题于签条处。伊秉绶和翁方纲是好友，又请翁方纲在其中三页上诗题，赞赏石涛画艺之绝，录入《复初斋诗集》。此外，十开册上的题跋亦见书画家张问陶、吴照、清代藏家风满楼主人叶梦龙、民国大风堂张善孖（张大千二哥）

等人的赞誉之词。

册末溥心畬的小楷题跋中，提到此册曾获"芷英先生"指正。传世可能还有他人经手，然而这"芷英"究竟何人，却已无从考证。再之后，此册归于蒋氏密韵楼。左昕阳称，二百万港元的估价属"低估"。原因在于，此册只盖了"老涛"的章，没有款，尺幅也不大。如果能有石涛本人的题款或题诗，相信又是几倍之外的价格。他预估《山水册》还是会被"抢起来"，虽然没款，却仍是传承有序。

与时兴的收藏门类不同，古时名士以收藏法书、名帖、名拓、古籍善本为首，字画反而居其次。一来是可彰显收藏者的文化品位、学识修养，二来也让士大夫府中会客时有了可聊可赏之物。久而久之，藏品多了，朋友之间彼此刺激着寻觅孤本，后期形成"万卷楼"亦不出奇。

目前蒋氏密韵楼遗留古代书画卅余件，尚有部分为蒋氏后代收藏。除密韵楼、五十万卷楼之外，明代的天籁阁主人项元汴亦是同道中人，精于鉴赏，专攻金石遗文。这些民间收藏在一定程度上为宫廷的收藏"查缺补漏"，与《石渠宝笈》《秘殿珠林》《天禄琳琅》中的文物资料互为佐证。

而书札、册页本身之用途，不过是古人与亲友交流的笔墨而已。左昕阳称，因为传世量少，就决定了古书画收藏圈子小，而要求藏家对古文、善本都有了解，通考据，又要知金石、辨真伪，门槛相对高很多。"所以我们通常说，这个圈子只有深度，没有广度。"

古人重视书信，往往是因为记挂亲友，一提笔万千思绪顷刻涌来。郑板桥在乾隆十七年罢官，离开故园潍县之后始终牵挂，直到好友郭伦昇来到扬州探望，他在临别时作七律二首赠与郭氏，这便是《怀潍县二首》。诗中写到自己对潍县风筝、鸳鸯庙、柳郎祠、纸花（风筝）的思念，开篇便是一句："相思不尽又相思，潍水春光处处迟。"

如今用信笺传情的人越来越少，难怪不少人生出怀古之心。这和宋朝之后各个朝代"仿宋""拟宋""追宋"的做法同出一辙，敏求好古之人念念不忘宋人的"温文尔雅"，借窥密韵楼旧藏而聊以慰藉，正如板桥道人记挂家乡的纸风筝那样。

原刊于《大公报》收藏版"汲宝斋"

2016年5月4日，B10文化版

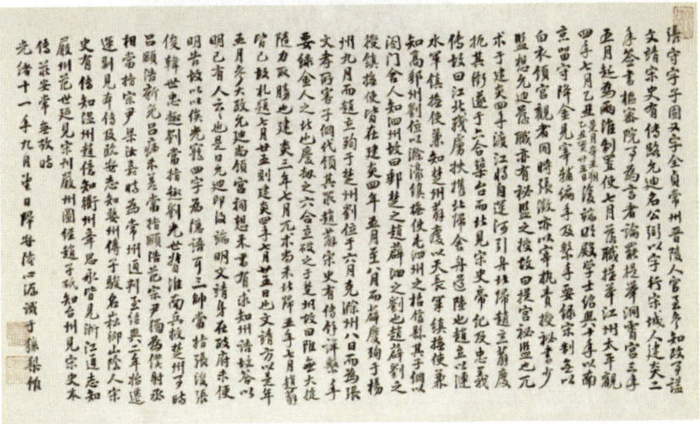

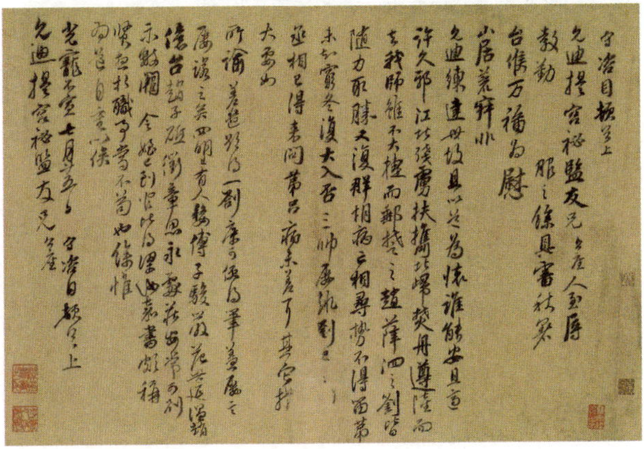

上图：清鉴藏家陆心源于《书札四帖》每札后题以详实考释　香港苏富比拍卖行供图

下图：宋张文靖《书札四帖》，密韵楼蒋氏旧藏，此通为张守书予同僚路允迪

香港苏富比拍卖行供图

清石涛《山水册》十开册之七，密韵楼蒋氏旧藏
香港苏富比拍卖行供图

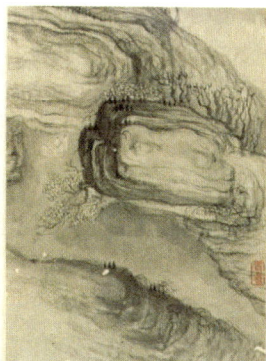

清石涛《山水册》十开册之六，密韵楼蒋氏旧藏
香港苏富比拍卖行供图

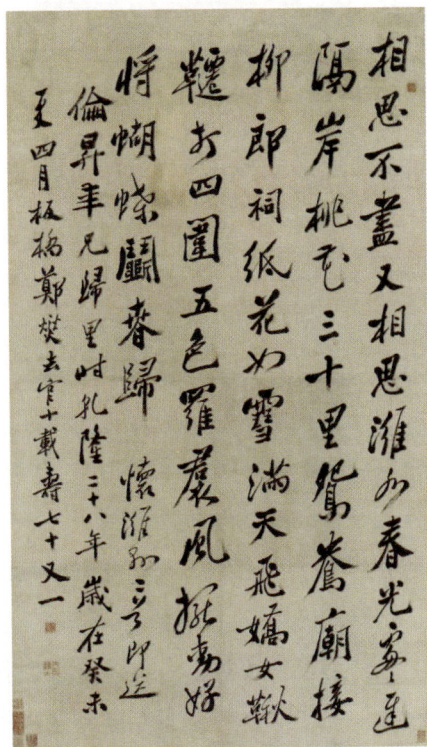

清郑板桥《怀潍县二首》，立轴水墨纸本　香港苏富比拍卖行供图

梅景书屋：收藏绘画　兼修并重

　　在上世纪二十年代初，新旧交替，战乱频繁，不少清宫国宝流落民间，在中国近现代收藏史上掀起早期的民间收藏热潮。于此浪潮中涌现出诸多收藏大家，他们有的醉心文史经卷，有的热衷金石书画，响当当的名号有：庞元济、张伯驹、吴湖帆、王季迁、张大千、张葱玉等。其中一人的"梅景书屋秘笈"朱文长方印，曾被认定是在鉴赏书画中"去伪存真"的重要依据。

　　吴湖帆（1894—1968）生前曾藏有金石书画一千四百余件，藏品主要来自四方面：一为祖上流传下来的，吴湖帆在祖父吴大澄一九〇二年过世后继承了吴门家藏文物，有欧阳询的《虞恭公碑》以及周代的邢钟、克鼎；二是来自外祖父沈树镛赠送的董其昌书画；三是来自吴湖帆夫人潘静淑的嫁妆，有宋拓本的欧阳询《化度寺塔铭》《九成宫醴泉铭》《皇甫诞碑》；最后才到吴湖帆本人收藏，其中以元代黄公望名作《富春山居图》的《剩山图》部分最负盛名。

　　一九三八年，上海汲古阁主人曹友卿携一幅存相残旧的《剩山图》请吴湖帆鉴定。吴湖帆一望便知此画非比寻常，速以商周古铜器换下了这个残卷。

　　同年，吴湖帆在十一月二十六日的日记中提及了《剩山图》的情况："曹友卿携来黄大痴（黄公望）《富春山居图》卷首节残本，真迹，约长二尺，高一尺半寸，一节中有经火烧痕迹三处，后半上角有吴之矩白文印半方，与故宫所藏卷影本（余前年见过真迹）校之，吴之矩印无丝毫差失，后半火烧痕迹亦连接，且故宫藏本前半每距六七寸亦有火烧痕与此同，逐步痕迹缩小，约有二三尺光景，可知此卷前之半经火无疑。"

然而，吴湖帆当时见到《剩山图》时，画上无题、无款、无识。他在鉴定中看似神色笃定，心里却在反复思量着到何处寻找此画传世的相关佐证。接下来的几个月中，吴湖帆通过曹友卿找到残卷的出处——清代扬州收藏家王廷宾所辑《三朝宝绘册》。最后发现王氏之后，此画曾转至江阴陈姓人家手中，画册惨遭拆页出售。吴湖帆从陈氏家中找到了王廷宾题跋，文中详细记载了《剩山图》的由来与流传过程。

吴湖帆对《剩山图》的重视，亦可从他补刻黄公望"大痴富春山图一角人家"印之举看出。吴湖帆委托许姬传带来红青田印石，并请陈巨来刻印，最后自己再亲自抄录沈周、文彭、董其昌等人之跋。《剩山图》经刘定之重新装裱成卷，已是"改头换面"，唯有在小面积残缺处才看得出吴湖帆修补过的痕迹。

一年后，吴湖帆将《剩山图》原迹与故宫所藏的《无用师卷》影印本合裱成一卷，两者果然相互照应。吴湖帆此举亦使被焚为两段的《富春山居图》在三百年中实现了首次"合璧"。

去岁适逢吴湖帆诞辰一百二十周年，上海龙美术馆（西岸馆）推出由徐涵明、吴亦深（吴湖帆曾孙）联合策展的"梅景书屋师生画展"，展出包括吴湖帆代表作《江山如此多娇册》（全册十二开）、《云表奇峰》《潇湘雨过》等百余张（组）书画，及三十余件吴湖帆弟子王季迁、朱梅邨、张守成、陆抑非、俞子才、徐邦达等人作品。

吴湖帆之书斋名为"梅景书屋"，虽为鉴藏之地，却也是海派书画家相聚的民国"艺术沙龙"。"梅景书屋"弟子张守成回忆：每天下午三点左右，就有掮客（书画商）拿画来出售或要求吴氏鉴别，档次高低不同。钱镜堂等大书画商拿来的东西中，不时会出现像极真品的假画与临本，在吴湖帆眼里，这些却独具讨论价值。同门师兄弟可以凭自己的眼光、经验讲一些意见，讨论时也会为一幅作品的真假问题争个面红耳赤。吴湖帆教学始终提倡"习古、藏古、敬古"，他认为，只有学生见识的书画多了，才会有区分作品高下的能力。

　　吴氏的鉴赏之道，具有传统书画鉴定的特色，融合了收藏、鉴定、绘画于一身。再看北宋米芾、元代赵孟頫，明末董其昌，及近代的黄宾虹、张大千、谢稚柳，此特点在这群人身上都有所体现。

　　藏家在收藏过程中长时间沉浸在古画的笔墨气韵中，如张大千所言，便是"挹彼精华，助我丹青"的过程，有利自己的艺术创作。同时，长期的笔墨实践，令藏家能在鉴赏时推己及人，更清楚地辨识年代、推断真伪。

　　一九五四年，吴湖帆在《富春山居图》分隔两岸五年后，进行全本临摹。《剩山图》正本在吴湖帆六十二岁（一九五六年），经谢稚柳介绍捐给浙江省博物馆。而临本于二〇一一年出现在北京翰海拍卖会，创下九千八百九十万人民币的吴湖帆画作最高成交纪录。

　　吴湖帆以鉴赏之广被誉为"一只眼"，有时画作只需让他看一眼，便可真假即断。民国收藏界的字画交易，曾一度以得到吴湖帆钤印为衡量艺术品价值的标准。殊不知，在吴湖帆的收藏中，亦有"身份不明"的名作。

现世流传的唐寅《吹箫仕女图》上，画面中除了"南京解元"朱文方印、"六如居士"朱文长方印两方作者印章外，还有画作的曾经拥有者吴湖帆的两方鉴藏印——"梅景书屋秘笈"朱文长方印及"吴湖帆印"白文方印。

耐人寻味的是，唐寅的这幅作品曾经《石渠宝笈·初编》著录，但凡编入此清代"鉴宝大全"的书画，往往都会在得到清宫认定时，盖上清内府"殿座印"，由此"殿座印"也成为清宫所藏画卷的存证凭据。

这幅纵逾一米半、横近一米的工笔重彩仕女画，它的传世记载却在吴湖帆与清宫廷之间出现较大分歧。吴湖帆所藏版本，似乎在唐寅画完后就未被其他人收藏，画卷上"干干净净"，只有吴湖帆的两方印章。另边厢，《石渠宝笈》中分明收录了此画，理应会按画卷存放宫殿不同（如：重华宫、养心殿、静寄山庄、御书房、乾清宫、学诗堂）作出注明，但吴氏藏本的《吹箫仕女图》却明显缺少了"殿座印"。

同样因印文记录相左、流传不同，吴湖帆与清内府鉴定有异的另有黄庭坚《李白忆旧游诗》。此作品被认为是黄庭坚的狂草"神品"，其中一幅由乾隆帝旧藏，后流落日本有邻馆；另一幅曾由吴湖帆收藏。两个版本在笔法细节处极其相像，只有运笔稍显缓急之分，钤印有所不同。

吴湖帆藏本所钤之印大小共有三十个，包括：从宋代容斋印至明清萧文明压角章、东方启明骑缝章，祝枝山、翁方纲、梁章钜，再到吴湖帆、张大千等人私章。而有邻本则有十方印章，全部是清宫内府印。二者均盖的印章有三方，最重要的是东方启明印，因东方启明在画作上亦同时题有"天台山人东方启明明成化八年题跋"。

吴湖帆藏本在跋文和骑缝处印章完全一致，有邻本只在骑缝处钤东方启明印。

该不会是吴湖帆"打了眼"？唯一肯定的是，建国后吴湖帆捐出了大部分收藏，却以《李白忆旧游诗》为明代仿品之由将其留在自己身边。一九六八年，湖帆先生久卧病榻。在弥留之际，他仍要家人将此收藏带入病房，由此看来，关乎《李白忆旧游诗》来历之谜似乎也有了答案。

原刊于《大公报》收藏版"汲宝斋"

2015年4月8日，B23文化版

吴湖帆旧藏元黄公望《富春山居图卷》之《剩山图》部分

浙江省博物馆藏品

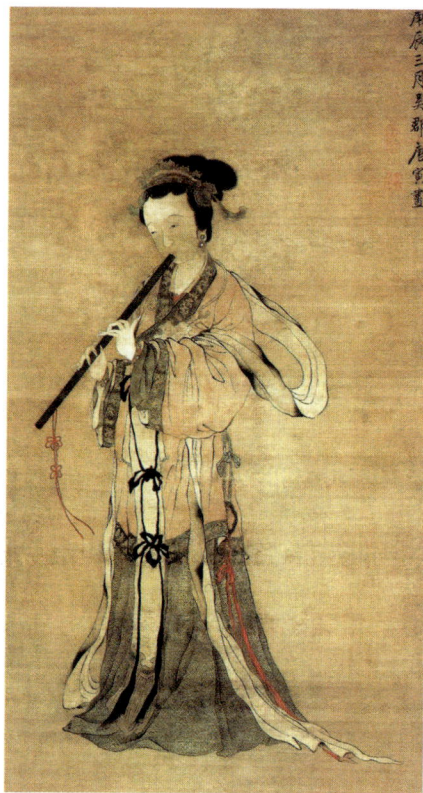

明唐寅《吹箫仕女图》 南京博物院藏品

李秀恒：明清官窑　锦瑟华年

二○一五年秋拍过后，艺术品交易市场明显放缓。大浪淘沙之后，"淘"走了部分炒家、受经济影响而举棋不定的金融家，反倒是令经营实业的香港收藏家"显露"出来，他们对购买艺术品丝毫未减热忱。素有"钟表大王"之称的李秀恒，被人所熟知的，是他身兼香港中华厂商联合会会长、金宝国际有限公司董事长的身份，而他对"元青花"豪迈的赞许、对"明成化"胎釉的青睐，或对明式家具的频频入手，原来已延续了二十余载。

做实业和做收藏都强调"眼光"。李秀恒称，他从事钟表生意三十五年，公司便在上世纪八十年代开始收藏钟表。后来随着产业向服务型经济转型，公司将目光投向地产，尤其着眼发展旧工厂改造。在这过程中，艺术成为改建物业、酒店、写字楼的一个重要元素。"同时也因为投资增值的关系，我们开始收藏艺术品。"李秀恒口中的"升值"，并不完全指向商业价值的提升，而是关乎文物的"文化升值"。

"对中国古董而言，全球最大的买家聚集在中国，可惜现在市场流通的许多文物都来自海外。这批文物有的曾被八国联军抢掠，有的被人走私、贩卖到海外，我认为作为中国人、中国藏家，有责任守护自己的文化遗产，并让海外藏品'回流'中国。"李秀恒说到文物，掩不住激动。在他看来，中国国力发展令多数民众的物质追求得到满足，唯独缺少的是精神上的给养。然而在艺术层面，欣赏一台好戏、一件瓷瓶、一幅好画都需要长久的熏陶和浸淫。

　　李秀恒的收藏以瓷器为主，家具为辅，杂项类亦有佛像、玉器等。瓷器收藏时间最久，其中不乏有各朝官窑精品，重点落在清代"康雍乾"三朝一百三十四年的官窑上。于此三朝，官窑瓷器的生产均由皇帝亲自委派督陶官掌管，或由地方官吏兼管，并且以督窑官的姓氏命名各个不同时期的御窑厂。

　　每论窑官，不得不提唐英（1682—1756）。唐英是江西景德镇御窑厂的督陶官，自十六岁时任官清宫内务府员外郎，值勤于养心殿，接触宫中御瓷、绘画及装饰工艺。而后，唐英在出任江西景德镇御窑厂督陶官时，将传统经典瓷器样式，糅合新颖制瓷技术，既慕古亦创新，瓷器的造型、彩绘、釉色、质地都深得雍正及乾隆喜爱。他在任时期的景德镇御制品世称"唐窑"。

　　近年，业内传有"明清官窑过于艳丽"一说，许多藏家不喜明清官窑，转而购买釉色润泽、造型简约的宋瓷。李秀恒却不以为然，一来是因高古瓷是"陪葬品"，他有所介怀，二来是明清官窑中也有仿宋、仿明官窑的作品，这在李氏最欣赏的唐英作品中绝不少见，所以不一定非收宋瓷不可。

　　唐英不仅要"仿"，还会博采众长，吸取地方窑（如：龙泉窑）及西洋、东洋瓷器的特点。

　　笔者在李秀恒公司的会客室中，见到一组八件唐英在乾隆时期督制的笔筒。其中，清乾隆唐英墨彩百寿字笔筒周身以篆书题写，落款却用楷书记有"蜗寄居士摹古"。值得一提的是，"蜗寄居士"实为唐英别号，其他常见的唐英四字款识包括：蜗寄老人、陶成居士、沐斋居士、榷陶使者、陶榷使者、甄陶雅玩、陶成宝玩等。再细观几个笔筒，也能发现清初兴起、乾隆盛行的"陶人款"。唐英参与制作的瓷器上"陶人款"分为落款和闲章两种，通常诗句的迎首和末尾均配以内容文雅的闲章，章之形状有椭圆形、长方形和方形，用料为矾红彩；绝大多数器物上诗句迎首钤一印，末尾钤两印，也有少数器物上的诗句迎首无印，只在句末钤印。

李秀恒所藏另一笔筒上更见"沈阳唐英"之款，殊不知，上海博物馆的乾隆五年大花觚、国家博物馆中的乾隆六年大花觚亦有如是款识。据李秀恒透露，这八件笔筒总价将近千万港元。

刚刚提到的清乾隆唐英墨彩百寿字笔筒，是李秀恒十余年前在中国嘉德拍卖行购入，而在他的办公室中你可以看到各大拍卖行春秋拍的完整图录。他不避谈自己在拍卖会入手得来的"宝贝"，就在香港苏富比秋拍"攻玉山房藏明式家具"专场上，他一口气拍下四套顶级黄花梨、紫檀家具。

自"攻玉山房"主人叶承耀同意将他的三十八套收藏上拍之时，香港古董行内众藏家可谓是"虎视眈眈"。想不到的是，李秀恒不仅"抢"到叶医生旧藏，收来的皆是精品。所购四套家具包括：明末黄花梨折叠式炕案（成交价二百三十六万港元），曾借放于香港特区政府礼宾府的清康熙紫檀云纹牙头翘头案（成交价五百万港元），明末至清初黄花梨凤纹桦木面长平头案（成交价一千三百二十八万港元），还有一套四件的明末黄花梨罗锅枨长方凳四张成堂（成交价六百六十八万港元）。

单看"千万家具"黄花梨凤纹桦木面长平头案，带有凤纹牙头，异于带耳形素牙头的基本平头案，已可算是"孤品中的孤品"。李秀恒笑谈，他去年不止在香港收获顶级的明式家具，更于纽约佳士得买入一套四张黄花梨四出头官帽椅。

所谓"四出头",实质就是靠背椅子的搭脑两端、左右扶手的前端出头,背板多为"S"形,而且多用一块整板制成。古人讲究坐相,通过椅子靠背板与扶手曲线的造型语言来传达坐者的威仪与端庄。这组"四出头"官帽椅结构简练至极,采用线条和弧度来处理,线条曲直相同,方中带圆,充分体现了明式家具简洁明快的特点。

"这套'四出头'以四百一十九万七千美金(超过三千万港元)在纽约亚洲艺术周夺魁,我好开心,这是十年都见不到一次的好东西,品相也令'举行震惊'。我觉得我是捡了便宜。"什么"货色"才能让古董行家震惊?李秀恒解释说,在二〇一五年三月安思远藏品首场拍卖会"锦瑟华年——安思远私人珍藏"中,安氏的四张圈椅曾以九百六十八万五千美元的天价被内地藏家购入,创造了黄花梨家具拍卖的世界最高纪录。然而,比圈椅价值更高、代表性更强的"四出头"竟然只卖了四百多万美金。李秀恒表示,由过去的春秋两季古董市场发生的变化,便能看到内地股灾对艺术品市场购买力的影响。

李秀恒称,"四出头"目前摆在李氏府上,他倾向在家中陈列一些大件的古董,既能吸引人眼球,又易于摆设。除明式家具之外,李秀恒也买入不少清朝天球瓶,眼下他的办公室内就有一个高六十一公分的清乾隆青花莲纹游龙天球瓶。"这件是我从一位欧洲古董商那里购买的,四千万港元卖给我的,但如此大型的天球尊实属罕见,市场价值应过亿。"此件青花莲纹游龙天球瓶,釉裹青花莲纹,瓶身上绘有两只五爪游龙,外口沿下镶波浪纹,下饰如意纹。"天球瓶"曾名为"千秋瓶",有"千秋太平"之意,摆在公司也是恰如其分。

三年前，北京首都博物馆举办的展览"首届世界华人典藏大展"中（二〇一二年九月至二〇一三年一月），有七件藏品借自李秀恒。其中有一件是高五十二公分清乾隆粉彩牡丹雉鸡图天球瓶，通体白釉，粉彩装饰，所绘雉鸡、牡丹无不生动，而这件藏品更是李秀恒首件买入的粉彩瓷器。

作为藏家，李秀恒明白自己只不过是藏品暂时的"保管者"，他真正的心愿是找机会将这些藏品展示给公众看，而不是将文物锁在仓库。所以，只要有博物馆向他借藏品作展览，他都会乐意。

目前，亚洲博物馆在展品展示方面仍算薄弱，李氏认为开博物馆不会赚钱，也不能以赚钱为目的。然而，开办博物馆又十分重要，一方面可弘扬中国文化，另一方面博物馆有助将藏品"集中化展示"，李秀恒表示："博物馆不能只有硬件（场馆），没有软件（珍品）。"

大抵是出于这个原因，李秀恒近年来将其集团的葵涌葵昌路一百号工厦，重建成三十万平方英尺的高级写字楼，命名为"KC100"，并特地把地下的数千平方英尺大堂辟作展览厅，免费提供给艺创团体举办各种艺术品展览。此举是支持及推广香港的文化艺术，不单免费提供场地，还每年拨出一百五十万元作为基金，支持艺创团体在该处一展身手。无论是酒店博物馆还是商厦展场，既令李氏典藏可有展示之地，亦为年轻一代接触艺术创造条件。

原刊于《大公报》收藏版"汲宝斋"

2015年12月16日，B17文化版

清嘉庆粉彩缠枝莲托八宝纹五供一套，五供为佛龛供桌上的祭祀用品，
目前大多保留在宫中，外流出宫者往往散佚不全，至今尚保持
成套者甚少，此套便是难得的成套　李秀恒供图

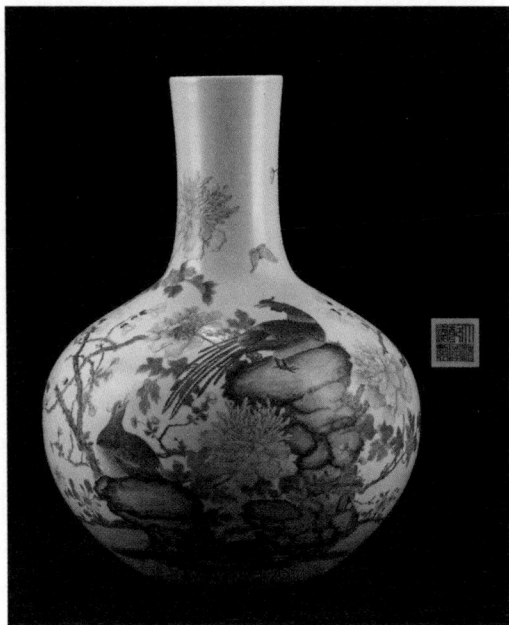

清乾隆粉彩牡丹雉鸡图天球瓶，通体白釉，粉彩装饰，
所绘雉鸡、牡丹无不生动　李秀恒供图

吉庆堂：轻轻捋一遍"灯草口"

许多人都以为古董商总会将"最靓"的器物留给自己，抗希斋仇焱之、云海阁张宗宪等这些"大行家"走的似乎就是这个路子。然而，吉庆堂"少主人"王泽怡（Jamie Wang）却说，她认识一个人，宁愿折本也要将最好的货留给客人，品相上有丝毫参差都要向客人说清道明，这个倔脾气的古董商便是她的父亲王延庆（Patrick Wang）。

一九八五年至一九八八年未成立前，吉庆堂曾一度为裕华公司提供古董货品。王延庆初期并不是全职做古董生意的，还要兼顾股票、金融投资，直到一九八八年八月八日吉庆堂落户中环云咸街，王氏才开始"全情投入"到古董行当。

当王泽怡正于吉庆堂内厅向笔者讲述古董行来由，其父王延庆摆摆手悠悠然走了进来，他既来"旁听"，也帮女儿作"补充"。王延庆认同女儿的讲法，他的确是因兴趣使然才"入行"的。说起与古董的缘分，他要追溯到他父亲与胡惠春的交情："上世纪前半叶，我父亲王恩洪从上海圣约翰中学毕业。他和敏求精舍的香港知名藏家胡惠春是同学，毕了业就进入胡惠春爸爸胡笔江的上海中南银行工作。"

王、胡两家人先后由上海南来香港，交往不断。而王泽怡自幼在"研讨、热爱古董"的氛围下成长，得到余济森、周汉豪等行家的指导，一九九九年从英国取得学士学位后就返港帮手打理吉庆堂。

王延庆说，上世纪末香港的高档官窑古董不多，与现时拍卖行见到的天价、品相出众的官窑拍品相差甚远。近十年，中国与海外市场联通更紧密，市场扩大了太多。"想当年英国人出二三万英镑可以买到一只转心瓶"。

"这个价钱在当时可以买一栋屋。"王泽怡随即补充道。二十多年过去，这对父女眼瞅着，古董的市场成交价与香港房价"携手共进"。不过，买古董还是要拿"真金白银"（足金先可交易），而买楼却能向银行贷款，付了首期再想后面的按揭。

王泽怡拿来一个金饭碗，端详起这寓意吉祥、品相良好之物，她说："这只碗比较少见，金是原装，没有翻油过，也没有掉色，保存情况很好。"

霁蓝釉属单色釉中的高温釉，经高温一次烧成，霁蓝也称祭蓝、积蓝、霁青，是蓝釉瓷中最主要的品种。霁蓝釉瓷釉面不流不裂，色调均匀一致，釉层肥润，深沉凝重。

在元代，用于烧制霁蓝釉瓷的进口钴料十分珍贵，发色尚不稳定。在这种情况下，古代陶工们能烧造出发色稳定、匀净不晕散的霁蓝釉瓷实属可贵。蓝釉瓷在经过近半个世纪沉寂后，于清康熙时期再度兴盛，此后历朝均有精品，且存世数量远多于前朝蓝釉瓷。

王延庆介绍说，等到康熙时期，蓝釉瓷主要以祭祀用具为主，色泽润泽稳定，色泽深沉者多为仿宣德霁蓝器。同时，蓝釉瓷品种也有所发展，出现外销器的洒蓝釉瓷，以及色泽淡雅的天蓝釉瓷。

在高温状态下釉层熔融垂流，致使器物在口沿处釉层变薄，显露出白色胎骨，形成一道白边，俗称"灯草口"。王延庆拿起霁蓝釉描金碗，用手轻轻捋了一遍碗口，他说像这小杯的造型，传世所见最多的是内部白釉："我在北京故宫博物院只见过一只包银的，这件是包金的，很稀有。"

环顾吉庆堂的内堂，沙发两侧摆放着几个巨型木质书架，存有十多年来香港两大拍卖行在中国艺术品部分的春、秋拍图录。沙发后面，一尊小巧精致的素三彩北帝像摆放在玻璃橱柜中。

乍一看，直教人觉得北帝模样之威严。王延庆则忍不住称赞此物的素净颜色，因素三彩的"素"本指颜色单纯、不艳丽，多以绿、黄、紫、白为主。同时，这"素"又与北帝作为"上帝公、上帝爷、帝爷公"的身份有关，在道教民间传说中，北帝实为统理北方、统领水族的神祇。

"越人尚鬼，而佛山为甚"，广东佛山的百姓奉北帝公为"大父母"。到了明清，佛山北帝诞（农历三月三）曾是佛山民众最隆重的崇神节日，仪式包括：设醮肃拜、烧抢大爆、演戏酬神、巡游、崇升等。可以说，正是在南粤"北帝祭祀"这样的宗教文化环境中，明素三彩北帝像才得以出现。

据王泽怡介绍，其父挑选古董时十分注重颜色，在接触到罗宾蛋壳色（Robin Egg Blue）后就深爱上这种独特的蓝色，在世界各地收罗有关的瓷器，其中包括清乾隆炉钧釉瓶。之所以称这种瓷器的颜色为罗宾蛋壳色，是因为其釉色像极了旅鸫（亦名美洲知更鸟，American Robin）蛋的颜色——湖蓝色中泛着一丝青意。

当拍卖行由上世纪七八十年代打入香港后，有人认为古董商的交易地位被动摇了，也有人说拍卖行、行家与藏家三者处在一种相互制衡的关系。王延庆却不以为然，在他眼里，香港古董商与苏富比、佳士得的关系非常密切。"拍卖行一来，实际上是把古董流通生意做大了，更多好的货品走进来也走出去。"

在与拍卖行合作的过程中，吉庆堂也发展出"两个优势"。王泽怡解释道，其一是古董行不会收取佣金，除了价格公道之外，许多等钱用的藏家也可以尽快拿到现金；其二是许多藏家并非想要钱，更多是想"以货换货"——譬如拿曾买过的官窑换一件新看中的汝窑。藏家在这种"置换"的过程中学习鉴赏，越藏越好，亦慢慢形成收藏的满足感。

这时，一位客人走入吉庆堂。王延庆说，这是位老藏家，曾在上世纪九十年代从他手上买过一件清雍正矾红彩描金云龙纹六方花觚，当时价格不超过八十万港元，如今这六方花觚价值已升到一千四百万港元。王延庆说价格飙升看似"意料之外"，却在"情理之中"："此花觚属于传统的矾红彩瓷，白瓷上绘有红彩龙纹。但在雍正朝档案中，这样的掐丝珐琅器远少于珐琅彩器，与故宫的同类藏品相比，算是件很珍贵的掐丝珐琅六方觚。"

王延庆相信只要是"好东西"，就值得起高价。相反，如果是残次品、"不开门"的假货，无论怎样也不能当作真品来出售。父亲对信用的这种坚持，也被王泽怡继承下来。十年前，王泽怡曾经手卖过一只唐三彩马给外国客，一切手续办妥后，这只马却在文玩鉴定上出了差池——机器显示的鉴定结果，这是赝品。

"即便客人看不出，你也不能欺骗他。"王延庆一脸严肃地说。

"我父亲的性格就是这样，古董外观上哪怕有'一根冲'（行话指瑕疵）都会告诉客人。"正因如此，买三彩马的藏家十分感动，出于真心喜爱，最后还是买下这件藏品。古董行中，总有些店铺频繁地换店名、换地址，也有些古董行家见到客人进门，竟摆摆手说："你们自己看啦，你觉得是真的就是真的。"吉庆堂主人从不如此。

谈到中国古董市场的蓬勃发展，"老掌柜"王延庆说，身为行家是件幸福的事："这就好比你隔着屏风看屋内的巧克力，你懂得越多，障碍就越少，将'巧克力'看得更清楚。"至于"巧克力"到底指向何物？理应象征的是古董行当的鉴定之乐与收藏之趣罢。

原刊于《大公报》收藏版"汲宝斋"

2015年5月20日，B19文化版

明素三彩北帝像　吉庆堂供图

清康熙霁蓝釉描金碗，有"大清乾隆年制"款　吉庆堂供图

白石书画：闲步归来　旧日老屋

收藏是风雅之事，亦讲缘分，聚散有时，强求不得。收藏一时也终有转让的一刻，修炼的是藏家识物知天的心性。也许，有人还对香港太古广场邦瀚斯艺术廊举行的"奉文堂藏中国古代陶瓷"专场拍卖记忆犹新，全场二百五十七件古雅致臻的藏品展示奉文堂主人陈淑贞三十年的积累。然而，奉文堂并非只收藏瓷器，前文已曾通过思源堂何安达（Anthony Hardy）的视角一窥奉文堂所藏青铜器，今次再由二十五帧白石书画去寻昔人旧梦。

陈淑贞的收藏极为丰富，从近现代书画，到青铜礼器，高古陶瓷、珍玉竹木、文房杂项，都为其所好，她把这归于幼时受到的熏陶。小时候每逢过年过节，姐姐都会带她去探望外公，步入正堂，映入眼帘的永远是一件放置在靠墙方桌上的青色大圆盘，配上水仙花，让人眼前一亮。这盘子是明末龙泉清幽水仙盘，查看年历，明末至今已经四百多年，从那时起，陈淑贞对中国艺术有了种特别的情愫。

奉文堂主人收藏中国书画，缘起于齐白石作品。在陈淑贞读高中时，有一天闲逛书店，被一幅挂在柜台上的画吸引过去，仔细端详，是齐白石的人物画《宰相归田》，一位微醺老者卧行囊上，身前放了一个酒舀，舀端还挂着半串铜钱。卷首上题有十六字朴拙墨宝："宰相归田，囊底无钱，宁肯为盗，不肯伤廉。"

查问后方知，这是印刷品，但因太过钟情，陈淑贞还是把它买下来。幸有开明的父母，重视艺术文化教育，鼓励女儿去寻找原作。长大后成为古董商人，想不到终在八十年代得见真迹，让她觅得此幅童年梦寐以求绘本的原作。

陈淑贞经营画廊，创办了奉文堂。移居香港之初她曾加入东方陶瓷学会，并以第一位女性收藏家的身份成为首届求知雅集的会员。因其父亲名为韩奉文，遂题奉文堂以作纪念。奉文堂藏品网罗了齐白石山水、人物、花鸟、动物、书法。

齐白石早年家境贫困，正式读书和学画的时间都很晚。画家能有如此的成就，陈淑贞曾提出几点：天赋是第一要素；其次是观察力强、记忆力好、勤奋，花鸟鱼虫描绘生动，靠的是写生练习，看齐白石的自传，知道他为了观察虾的形态，在画桌上养了一小缸虾，方便每天临摹写生。

再者，齐白石也得到了很多人的帮助，名士胡沁园、陈少潘等，都在他人生歧路徘徊时帮过他；在进入创作期，林风眠、徐悲鸿也都帮助了他；最后，齐白石对其笔墨丹青之自信，是他守得云开见月明的原因。他在文中经常提到"人誉之，一笑；人骂之，一笑"，非得是自信之人才能说出此番旷达之话。齐白石的画作继承了徐渭、八大山人、扬州八怪至吴昌硕一派，去其草率，得其精炼，风格大胆泼辣，随意点染，同时带有些许天真、宁静的特点。透过奉文堂收藏的二十五帧不同主题的齐白石作品，可以感受到其人是"动静相宜"的。

奉文堂旧藏的《白石老屋旧日图》是齐白石画给同为画家的胡佩衡先生（1892—1965），此件作品收录在《齐白石画法与欣赏》一书中。其自述"余之老屋在湘潭之南一百里，白石山下，因以地名为字，曰白石翁"。画面上近山就是白石山，山下屋舍内桌上放着书画，齐白石五十岁前就是在这老屋环境中生活，读文写画，是他最难忘与怀念的岁月。

屋前窗外柏树林荫，描画树干用转锋，山石用中锋，画家用带有木刻般质感的笔触勾勒出呈长方形的山岩，虽然用的看似是云头皴，但因山头全是由直和横线组成，有如雕刻，成了齐白石独特的标记。院中的假山并非以传统方法绘制，他实用横笔、竖笔交错画成，颇有雕刻中明纹、暗纹交叠相映之感。

一九五六年，胡佩衡在赴桂林写生记下随想，写生时见雨后天晴的桂林山水，有言："回想古画中，虽用泥金勾山石轮廓所谓金碧山水。"又在阳朔的船上写生，发现"有好多地方和石涛所画的山水吻合"。在他看来，齐白石六出六归离家的从游际遇，既有安土重迁的缘故，更是为了精进画事所为。

齐白石画山水不落窠臼，时人却未加称许，批评甚烈。因而他自五十七岁，即一九一九年移居北京后，少画山水予外人，专注画人物花鸟。可是他依然会绘画山水作品赠予知音好友，例如此幅《白石老屋旧日图》与一九三八年绘的《石墨居闲步归来图》皆是赠予胡佩衡的作品。

在《石墨居闲步归来图》一画中，石墨居是胡佩衡自己的斋号，为其画室名号。齐白石给胡佩衡的画室画了个小院子，院中有几间房，并故意画满丁香花，令满园芳香四溢。丁香花是荚叶子的，但白石认为荚叶子并不好看，于是他将丁香以花心方式表现出来。

许多人将齐白石作品视作检验、测试中国近现代书画市场的"神针"，若是白石作品看涨，其他名家名作的价格也会浮上一浮。

佳士得亚洲区副主席暨中国书画部国际总监江炳强却认为，中国书画的成交价在二〇〇三年"非典"过后总体呈现一路上升的走势，二〇〇五年有较大调整，二〇〇八年稍微有调整，二〇一〇年起上涨得厉害，到了现在似乎又冷却了下来。他认为："市场也需要时间来消化，这是很正常的现象。快不得，心急不得。"

二〇一一年是蔚为大观的一年，拍品质精，成交额屡破纪录，但接下来的几年，近现代书画市场却比较沉静。具体到台湾和香港，从七八十年代起，两地一直存在中国艺术品的收藏圈子，很多古董商私下也喜欢收藏中国书画，像奉文堂主人便是很好的例子。而在三年前，佳士得就曾举办过"奉文堂藏齐白石书画"展，当时展出了奉文堂主人所收藏的五十六件齐白石画作，包括花鸟草虫、动物走兽、人物、山水、小品和书法，年代不同、题材各异。

如今故人已去，旧藏齐白石部分依然称得上是市场上少有的完整的系统性收藏。无论是《宰相归田》还是从石墨居闲步归来，一个"归"字配上一个"闲"字，好不悠然自在。这像是轻轻展开一帧字画，又好比开了一坛子老酒，止不住扑面而来的馥郁香气。

原刊于《大公报》收藏版"汲宝斋"

2015年6月3日，B19文化版

齐白石《白石老屋旧日图面》，设色纸本立轴，108.5×36.2厘米，于二〇一五年
香港佳士得春拍以成交价两千零二十八万港元易手　香港佳士得拍卖行供图

齐白石一九五一年《江上余霞》，设色纸本立轴，152.4×48.2厘米

香港佳士得拍卖行供图

承砚堂：岭南风月　古砚养墨

　　以描绘岭南风月闻名的画家司徒乃钟，很多人不知其藏家身份。他隐世般坐拥一处承砚堂，藏窦中继承了祖父司徒枚、父亲司徒奇的文玩珍品，又收罗了岭南画派名家高剑父、黄君璧、关山月、黎雄才相送的亲笔字画。司徒乃钟本人看来，这些"传家宝"看似寻常物件，背后却另有玄机，他玩笑道："你要是写，我看要分上、中、下三集，这集先从关山月的画和我收藏的墨砚谈起罢。"

　　尚未走进司徒乃钟的北角家中，已被门口楹联吸引："莲种善根成佛果，槐垂福荫护孙枝"，流露出岭南文人对传统文化传承之重视，未读完，司徒乃钟已笑语盈盈走出来。

　　"我从八岁起就做我父亲（司徒奇）的书童，小时候，家中总有文人雅士来访。我放学回家，站在一边看画，老一辈的岭南艺术家就会现场送画或送上好的印章给我。"司徒乃钟指了指挂在门口的杨善深书法"苍城画院"续说："除了杨善深的这一幅，我父亲还留给我于右任题的'苍城画院'。"

　　家中画多，乃是自然。司徒氏几代人都与书画结缘，自己的画、先辈的画、友人的画，攒下来不少。这些家族收藏在司徒奇晚年，陆续传给了司徒乃钟。"父亲藏有的玉石、字画，之所以不交给其他兄弟姐妹，因为他觉得我是画家，懂得欣赏，也用得上。"

　　一九八七年，司徒奇曾前往广州探望同门关山月，启程前司徒奇告诉关山月："广州太热，我怕我们一路过来受不住。"谁知，等司徒奇偕夫人到达广州，坐上关山月安排的轿车，司机先递上一把纸扇（名为《双清图》），扇子正是关山月为司徒奇所作。扇面的"双清"二物实乃红梅、白梅，并非传统《双清图》常见的梅、竹，显露出司徒奇、关山月二人同拜高剑父门下的同源情义。纸扇背面题有回顾他们同窗记忆的诗："同窗重道数奇君，八一高龄坚且真。避弹绥江田园笔，难居佛地国邦心。飘洋翰墨风骚客，流浪画图苦行僧。艺海浮沉非梦幻，征途往事记犹新。"

司徒奇生前，儿子司徒乃钟几次想帮父亲拿这把扇子，都被司徒奇拒绝，老人每次都会正襟危坐说："你来拿？你还没有资格拿这把扇子。"为何不够资格？恐怕是情义不够。

司徒乃钟逐字逐句详解了扇面小诗。他说司徒奇和关山月患难与共，在抗战时期于澳门观音庙学画，写标语呼吁抗日、摇旗呐喊，为难民义画筹款。同时也曾在日本士兵的追击下，一起从广州徒步走回开平，他形容说："到了家，两人的皮鞋都走开了口，身上的西装变成灰色的了，落了厚厚一层土。'避弹绥江田园笔，难居佛地国邦心'讲的就是这落魄场景。"

一九四九年后，师兄弟一个选择南下香港、后移居加拿大，一个留在广州，地理距离使两人的交流中断，彼此牵挂的痛体现在扇面"飘洋翰墨风骚客，流浪画图苦行僧"这一句。等到四十载后广州再聚，司徒奇拿起扇子反复端详，关山月提起旧事则笑得合不拢嘴。

年轻时，尚未成名的关山月除寄宿在老师高剑父家，最常出入的当数司徒奇家。关氏画作更是深得司徒奇父亲司徒枚的喜爱。"父亲（司徒奇）告诉我，有一次关山月住了太久，觉得不好意思就准备告辞。临走前，我祖母帮他做了炒米团作行旅干粮，爷爷给了他两枚银元做路费，关山月不肯收，爷爷便说这钱全当作是买他的画。关山月听罢，立刻起笔写了十三张画。"司徒乃钟说。

"现在这十三张画都藏在家中？"笔者追问。司徒乃钟无奈摇摇头，其中十二张都在"土地改革"的时候烧了，目前只剩下一张。司徒乃钟一时间找不出那张画，反倒是拿出立轴水墨画《丹荔一箩》来。这是关山月在一九九九年为司徒乃钟所作，画中的箩虽早变得破破烂烂，司徒乃钟却不舍得丢弃，他说，每每怀念起关先生时总要拿出来画画。

家中摆有几张司徒奇油画，皆为司徒乃钟由拍卖行买回来的。他本人很少亲临拍卖会，却总会电话委托朋友帮忙留意与司徒家有关的"好东西"。例如二○一五年春拍，他入手一件由司徒奇、赵少昂、杨善深合作的水墨作品，"司徒奇画姜花，赵少昂画红蜻蜓，杨善深画菊花，各物相得益彰。"当被问到价格，司徒乃钟说他不清楚，只知道是个不小数目，而家中钱财向来由其夫人掌管，于是笑说："我对钱不敏感，都是夫人出粮（发工资）给我。"

司徒乃钟香港画室的中央，正正方方悬挂一块匾额——"承砚堂"，他是承砚堂堂主。何有"承砚"之说？司徒氏坦言，缘起清朝的一方墨砚。这件墨砚是司徒奇在一九九○年前后传给司徒乃钟的，实为清乾隆纪晓岚用过的澄泥古砚，砚形大方，又有雅人深致，砚身另附清代书法家、纪晓岚门生伊秉绶的题字。

司徒奇"爱砚"体现在其绘画所用的清初红棉花馆用砚上，砚上有罗书重题字。此外，司徒奇作画时常用的纸镇为林近、李锐祖合制；汉玉则由陆振中、林近相赠。司徒乃钟自称，学不了父亲这般"讲究"的收藏方式，唯有"爱砚"可与前人相比。目前他已收藏宋砚三方、明砚一方、清雍正砚一方、清康熙砚一方、张学良铭汉砖砚一方，另备石砚、玉砚、瓷砚若干。

作画之人，笔墨纸砚少不了，砚台可显露砚主人的修养与品位。司徒乃钟的这些砚中，许多是朋友送给他的生日礼物，砚的流传记录未必清晰，但当中所载的浓情厚意却令司徒氏珍惜。承砚堂主人从书阁中取出一方包裹得严严实实的唐砚，他一面打开，一面陈述，砚台上的莲花纹路代表了盛唐时佛教流行之风，文人作画即使不写佛像、经变图，亦会使用莲花纹墨砚。

古玩不一定出自名家之手。司徒乃钟又拿出两个铜锈满布的匾托来，他说祖父司徒枚在清末考取拔贡第一名后，得到御赐的一块匾额。遗憾的是，如今匾额无处可寻，他只得收藏这对匾托，以佐证爷爷荣为"拔贡"的历史。

一番谈话过去，司徒乃钟感慨道，还有一张画家邓芬赠予司徒奇的明朝万历年赵廷壁所绘的水墨花鸟画，不够时间一一尽数。再环顾承砚堂，司徒乃钟所用之檀木文房、印章、笔搁古朴雅致，多为司徒奇亲手所制。

司徒氏藏品确是既多也杂，"杂"，因一小物中可藏各名家轶事。

原刊于《大公报》收藏版"汲宝斋"

2015年4月29日，B15文化版

司徒奇一九七〇年《荷塘骤雨》，水墨纸本，120×60厘米　承砚堂供图

司徒奇一九八二年《砚边点滴》，水墨纸本，140×70厘米　承砚堂供图

梁义：君子字画　雅集之趣

甫步入二义草堂，不见草堂主人，只见古董家具白酸枝一套、晚清粉彩九桃瓶一只，教人正以为是误入别家书坊，手持两卷字画的草堂主人梁义便笑盈盈走了出来，他随即将一幅齐白石的九寿桃图、一幅黄宾虹的《山水》铺陈开来，洋洋洒洒占满整个大厅，群山丘壑渐渐映入眼帘……

梁义上世纪四十年代出生于澳门，在澳门读完小学后，十四五岁时来到香港，初期以做塑胶、纸品生意谋生。从学师到筹备个人生意，梁义将闲余时间全部投入欣赏艺术中，成为中大、冯平山及大会堂三间博物馆的"常客"。

上世纪七十年代末，梁义参与香港书画文物收藏家组织"求知雅集"，并于八十年代加入香港历史最悠久的收藏家社团"敏求精舍"。梁义后于九十年代成立个人收藏机构二义草堂，以藏近代中国书画闻名。

说起命名雅舍二义草堂，梁义说"二义"的"二"字指的是他在家的排行。而"义"字说来有趣，是梁义在小学一年级时偶然从书上抄写所得，他自觉"义"字可作"忠义、义气"讲，又能意指人际关系中交往双方的诚信态度，此"义"可当"意义深刻"。

回忆起第一次接触字画，梁义称自己对藏品的鉴赏力得益于儿时所受的艺术熏陶："当时在我澳门家中有两三张扬州八怪所作的清朝古画，是我祖上传下的，有时我就对着这些画看，当时不懂画，只知道这是中国画，但现在想想我和书画的缘分可能就是那时结下的。"

梁义头一回真正购藏画作要追溯到一九七三年，他那时购入的不是一幅画而是三幅，梁义说："七十年代，香港的市场上也有许多字画，我都不喜欢，直到张黎教授从内地拿来齐白石的《新年大喜》《五世同堂》和徐悲鸿的《春风立马》，我才'出手'。徐悲鸿的那张画花了一千元，齐白石的两张一共四千元，可你要知道，五千元那时已经可以买个房子了。"

自一九六八年开始，梁义借生意之便经常前往广州、上海、北京等地，曾在上海的朵云轩与画家糜耕云、程十发一起看画，又在北京的荣宝斋与知名鉴定家王大山聊画，梁义称"文革"结束初期的中国收藏界是"一片冷清"，好画不少却鲜有人问津。

"我每次到北京、上海的文物商店，或广州的友谊商店，店主都当我是外宾，很客气地介绍画给我。我记得最常买的是徐悲鸿、傅抱石、李可染、黄胄、陆俨少、唐云、朱屺瞻这些人的画，那时市价也就一千元人民币一张，买十张还送两张，你说多划算！但我买画有脾气，我讲究'适合'，不会讨价还价，有时候看到好的，还会从银行里取出定期存款来买。"梁义说。

转眼四十年过去，二义草堂目前共存中国近代书画约三百幅，梁义称所藏最多的是徐悲鸿的画，其次是苏浙画家、海上画家及岭南画家的作品。

梁义对徐悲鸿作品情有独钟却是"事出有因"，一来是因其爱徐氏绘马的灵动笔触，二来是由一次浪漫的"错过"所造成。

提起这次"错过"，梁义仍记忆犹新，他抿抿嘴、思索了一下道："我曾特意从广州坐飞机去齐齐哈尔买徐悲鸿的画，因为听人介绍说有一位'徐悲鸿的情人'在那里有三张真迹想卖。当时的情境真是毕生难忘，坐上老式苏联滑翔机就出发了，一路上有北方的朋友吸烟，弥漫着烟雾，伸手不见五指。下了飞机，入住的酒店没有热水和吃的，条件很困难。我一个人带了几十万想见'徐悲鸿的情人'，更想看画，但'情人'一听说我是'外宾'，怕惹上事端（当时国内不允许私人卖画），她索性就不见我了。我没有办法，画也买不到，只好回到香港。"

自此之后，虽挫折不断，梁义仍坚持每星期要去一次广州，久而久之他和广州文玩店的老板、伙计都熟络起来，便在介绍下收了不少徐悲鸿、傅抱石的画，其中包括徐悲鸿的《人物汲水图》与傅抱石的《归去来兮》。

梁义在内地艺术界真正熟悉的艺术家要数苏浙画家代表、齐白石的弟子陈大羽。梁义将陈大羽描述为"难得一见的爽朗之人"："我最欣赏陈大羽的画作就是他的公鸡图，以大写意绘花鸟，雄鸡形神兼具、笔法清雅，连齐白石都赞其'（陈弟）下笔之雅过我'。我和大羽关系很好，他会来香港看我，我也常偕妻小北上南京去探望他。"

上世纪八十年代的香港，梁义每周都会约上几个老友饮茶，其中便包括岭南画派的大家赵少昂、杨善深，及收藏家欧阳绍麟等人。因与赵、杨二人相熟，二义草堂较为系统地收藏了此二人的画作，以赵少昂为例，画家于八十年代所作的花鸟、青山绿水、渔歌唱晚等标志性题材均被收入梁义典藏。

据梁义回忆，每次见面几人聊画就不下两三个小时，倾谈得久却丝毫不觉得疲惫，他称："赵少昂就住在我家附近，太子道对面教堂那里，我们常在九龙塘的大华园林酒家饮茶。而善深呢，他是赵老师介绍来的，我们几个都是'岭南人'，又都嗜画，所以关系非常好。直到后来我全家移民去了加拿大，多数收藏也带到千里之外，临行前少昂送了我一幅《七喜小鸟》，算是为我践行，也传达对我一家七口的祝福。等我和善深先后移居到温哥华，有一次我找善深来家里看画，他见到此画后很有感触，过几天便写了一张'七条金鱼'给我，刚好好事成双。"

二义草堂之所以坐拥丰富收藏，是与上世纪中叶大部分内地艺术家、收藏家南迁香港的社会背景有密切关系的。七十年代左右，随着古代名家手迹的流通减缩，近现代书画收藏成为华人艺术界的焦点，香港因其独具的交易、运输优势，在同一时期成为中国书画文物的集散地。梁义在加入香港收藏家组织"求知雅集"及"敏求精舍"后，于一九八八年受一位胡姓拍卖持牌人邀请，与其共同经营拍卖行，梁义主要负责打理字画部。

回顾当年香港拍卖业的境况，梁义感叹艺术品市场的"今非昔比"，他笑道："上世纪八十年代末，香港拍卖业还不成气候，没有几间拍卖行，画也卖得便宜。但春、秋两季的拍卖来的人多极了，又因拍品大都是从画家手中收来的，林风眠、赵少昂、杨善深都会来现场，名义上说是拍卖，反而更像是老友聚会。"

雅舍之间的交往、同好彼此的相惜相知，也是香港老一辈收藏家难忘的集体记忆。梁义和梅云堂主人高岭梅交情匪浅，两人往往能在茶楼就张大千的画聊上整个下午，而高岭梅既是张大千的结拜兄弟（张大千称其为"四弟"）又是张大千画作的香港代理人，梁义坦言随着与高氏的相熟，自己对张大千创作的来龙去脉、流派变迁不断更新认识。

此外，梁义将近现代书画比作股市中的"蓝筹股"，认为新派和传统相比，"投机"意味较浓。如今赋闲在家，梁义与夫人时常拿出藏品来看，一次次"重温"画作却百看不厌，梁义归结个中原因为近现代书画所兼具的四个特性：艺术性、回味性、欣赏性及（可供博物馆典藏的）永久性。

二义草堂三分之一的藏品去岁假香港中文大学文物馆展出，再访中大文物馆时，梁义就自己由参观者到收藏家的身份转变而生感慨，他说："作为收藏者，我最开心的就是将好东西拿出来与人分享。你若问我有没有遗憾，我也有，就是藏品太多，展一次看来还是不够。"说罢，梁义望了一眼面前的黄宾虹直幅《山水》，他笑了，这种欣然之色本人是浑然不觉的，却被旁人看得仔细清楚。

原刊于《大公报》收藏版"汲宝斋"

2015年1月14日，B18文化版

高奇峰一九〇九年《孔雀》，设色纸本立轴，242×119厘米　二义草堂供图

傅抱石一九四六年《归去来兮》，设色纸本立轴，83×41.5厘米　二义草堂供图

辑五　变奏曲

致艺博会时代的信："强心针"不能救命

　　早在一九六七年，科隆艺博会（Art Cologne）已打响"艺博会时代"第一炮。然而在亚太地区，艺博会风气是在二〇一〇年才真正兴盛起来。自ART HK（二〇〇八年创办）于二〇一一年被巴塞尔收购后，众人看得见的是水涨船高的艺术品交易额，及中国画廊、私人美术馆数量的激增。不易觉察的是，艺术生产与收藏模式的变化——艺术家在画廊建议下，针对不同地区的艺博会及藏家群体进行创作；同时，藏家将逛艺博会当作"画廊酒会"的延续，在功能上形同超级市场，内容未必鲜活，但为艺术品买卖提供了便利。

　　一个国际型的艺博会若无法吸引国际画廊的参与，便无法吸引它们所固定拥有的大藏家前往，那么结果只能沦为当地画廊的小型狂欢派对。内地经济起飞后，内地买家除了关注中国当代艺术，亦开始购买西方当代名家作品。纵使是区域性派对，却止不住艺博会主办方的故意为之。

　　仅是二〇一五年九月至十一月，大中华区的艺博会由二〇一〇年左右的春秋两季（往往与拍卖季同期）发展至四季规模。三个月中，依次举办了：上海西岸艺术与设计博览会、北京CIGE中艺博国际画廊博览会、台北的Art Taipei及上海的Art021。伴随着一个大型博览会，亦会衍生出许多小型艺博会，例如上海艺术影像

展（Photo Shanghai 2015）、艺术都市（Art in the City）均选在
上海西岸艺博会期间举行。

再看亚太区域，常有这样一种说法——"中东有杜拜'黑金'，
东亚看香港的'红色资本'。"吸引了不少石油大亨的杜拜艺博会和
背靠内地藏家群的香港巴塞尔艺术很自然地成为两个区域的"龙头
老大"。香港较之内地与台湾具有自由汇率、零关税、运输便利等
显著优势，在庞大的市场需求催化下，每年的巴塞尔艺术展最受瞩
目。基于此原因，现今香港巴塞尔上五成以上的国际画廊都已在亚
洲设立分支，它们转向培养与亚太藏家的长期交往，不单求艺博会
上一时的"欢聚"，而求彼此关系的"细水长流"。

若将整个艺术市场按金字塔雏形划分为三个板块：大师级（或
大腕）、成名、新兴艺术家，那么我们将看到每个板块上的艺术家
皆希望能向上游发展。即便不为图财，艺术家也希望自己能坐拥更
多资源，令其作品获得更多关注。在三个区块中，新兴艺术家投资
风险高，大腕艺术家的作品价格太高。相比之下，位于中间区块的
已成名艺术家，投资报酬高，风险相对低。这就解释了目前市场上
盛行的"包装"之风，总有人借艺博会将成名艺术家包装成大师出
售，或将新晋艺术家包装成知名艺术家。

只要市场对作品有需求，艺术品就会保持一定流动性，优秀作
品的价格就有可攀升的空间。当然，作为画廊会希望自己可以参与
艺术家成长全过程——以代理或合作的形式，将新兴艺术家培养成
知名艺术家，而后再将他们推向更大的舞台，令其在走向大师级的
同时，画廊与藏家也能获利。

那么，国际型艺博会既然提供了艺术发展平台，为何不能将它
当作双年展、三年展？然则，就展品的实验性而言，艺博会和双年

展相去甚远，而香港巴塞尔艺术展和迈阿密、瑞士的巴塞尔在发展上也存在明显差距。香港会场虽在近年分别针对公共艺术和视频、影像艺术，推出"艺聚空间"和"光映现场"，却在批判力上乏善可陈。相比之下，二〇〇五年瑞士巴塞尔艺博会"艺术无限"（Art Unlimited）单元曾选出不适于展售的七十件作品，入选项目中包括瑞士艺术家吉安尼·莫提（Gianni Motti）的《经纪人》（Broker，2005）。此作品实为一个"活雕塑"，呈现的是一位西装笔挺的银行员受困笼中。这件作品在展出时备受热议，但若放到亚洲的语境下，相信会更难找到买家，尤其是面对偏爱架上艺术的内地藏家。恐怕在"艺博会作品"的主流生产模式下，吉安尼·莫提也要采纳画廊基于商业考量提出的建议。纵使要做一个雕塑，它也未必是"活"的。

画廊和艺术家固然是构成艺博会最重要的部分，按照巴塞尔艺术展亚洲总监黄雅君（Adeline Ooi）的说法是："没有画廊就没有展示，没有艺术家就没有艺术。"画廊和艺术家是内容的生产者，不过未提及的"消费者"群体才是艺博会成败的关键。说到底，作为商业活动，艺博会要实现的是买卖。而在去年内地股灾前，中国藏家购买力持续走高，甚至一度成为欧美画廊的"宠儿"，这一点从马尔伯勒画廊（Marborough Fine Art）伦敦总监Alexander Platon的名片亦可看出——正面是英文联络方式，背面印着简体中文。在香港，马尔伯勒画廊卖的是赵无极、朱德群画作，Alexander用的是他的中文名字"裴雅理"。

而在内地藏家中，有一部分是纯粹收藏，也有不少以短线炒卖为目的的"炒家"。自二〇一一年来香港苏富比尤伦斯专拍以来，大批新买家进场，"炒家"亦同时入场。那么艺博会这种"商品"

琳琅满目之地便成了这群人的"天堂"。当经济大局势不景气的时候，二级市场流拍不断，"炒家"想易手作品的难度加大、周期变长，若找不到更高价的接手人，便会影响他们的活跃性。于是今年香港巴塞尔前，也有了这届艺博会将检验并过滤一部分"炒家"的说法。

帕科·巴拉甘（Paco Barragán）曾提出艺博会可视作"无墙的美术馆"（Museum Without Walls），它将艺术从一个城市带到另一个城市。笔者则认为，巴拉甘忽略了艺术权力的生产与再生产过程。实际上，"消费者"不一定永远是上帝，藏家在挑画廊和作品，画廊也在挑藏家。知名画廊通常有能力透过市场操作，让足够的买盘进入市场，以支撑艺术家作品价格。为什么画廊喜欢国际型艺博会？其中一个原因在于，藏家越是国际化、盘面越大，对画廊而言越容易分散风险。对艺术家而言，有知名藏家及基金会的支持，亦可巩固国际影响力。

大英博物馆曾做过一个研究，发现观众平均逗留在一张作品前的时间为七点二秒，而十年前是三十七秒。在挑选藏品时，藏家需对画面、造型以及创作背景进行解析，审美能力不会在七秒内养成。因而，藏家跑得再快，还是难以在VIP预展当日看尽所有展位的作品，更何况仔细审视了。为求"眼光"的保证，许多藏家习惯找品牌画廊。藏家相信画廊挑选作品的眼光，但更相信他们有能力将其收藏的艺术家带上更高的层次，无论是艺术创作方面，抑或权钱交易。

近几年，不时有人预言中国当代艺术在与国际收藏市场的接轨中，迟早会在价位飙涨中遭遇"急刹车"。即便艺博会数量增多、拍卖专场细化，包括希克在内的许多大藏家却认为，时下要寻得一件好作品比以前更难。识别艺术作品并不比以前困难，不过在展示中精品总和中等、差品混在一起。有时，良莠不齐的作品竟被一齐抢购一空，这令真正寻找心头好的藏家，花更多工夫在辨别过程上。

踏入二○一六，全球经济遇冷、股市不振的消极因素，已在国际拍卖市场上释出信号。但"游戏"还要继续，就要有人"接球"。对于观望中的画廊和藏家，香港巴塞尔成为他们注入"强心针"的地方，以至于这个艺博会不得不在万众期待中被打造成——继M+希克收藏展后，二○一六亚洲艺术圈的又一年度盛事。

固然如此，每一次交易市场的自我调节也是权力攻守的一次洗牌。"强心针"可解一时之痛，却解不开纵横捭阖的利益链条，对艺术本质不一定有帮助的药引子煎下去，等到明年、后年再"犯病"，估计还得喊"救命"。

原刊于艺术地图《A.M. EXPRESS》，

2016年3月香港巴塞尔特刊

二〇一五年上海西岸艺术与设计博览会展场　作者摄影

二〇一五年台北艺博（Art Taipei）展托尼·克拉格（Tony Cragg）

青铜雕塑作品　台北艺博供图

"触"是组序的基础

——由洪浩个展"反光"引发的思考

"艺术的去物质化"讨论早在一九六七年由露西·利帕德和约翰·钱德勒提出，两位批评家以怀疑的视角批判了艺术品在工作室里等待被设计、被包裹的情况，并提出艺术家在艺术工作的物理进化中应保持热情。在洪浩的解读中，"去物质化"的讨论场域由工作室延伸到生活的方方面面，他强调"物自身"的概念，以日记的形式做着数据的记录与分析。在这里，"去"是保持、形成观看的距离，而非斩断艺术家与物质的关系。

洪浩近年新作《反光》系列，"序"就是以物质（材质）来展开的——从注重画面视觉、具体材质的运用走向对物件轮廓、线条的探索，反光成为新的评断标准："触"让空间上的占有变成时间上的标记，排成序列之后共同指向在艺术创作中被压制了的消费属性；依靠反光，物体的空间分异"退场"，"去颜色"反倒成为区分物件的有效方法。

色彩作为消费品本身属性，也作为迎合消费者喜好的一个吸引，在《反光》系列中被剥离；同时被剥离的还有物品被设计、包装与使用的体验。这种呈现方式进一步弱化物品功能属性，将形状、颜色进行纯形式化的提炼。随之产生的对消费品的"不熟悉"和"陌生化"感受拉开了观者和物件的距离，让观看变得费力，也由此引发问题：辨识的标准一旦发生改变，秩序也就有所改变，此时观看应以怎样的方式切入？

然而，确立秩序并从秩序中找寻"当代性"的出路是一些中国艺术家仍在处理的问题，"当代性"不再是处在二元对立语境中有关传统和现代、集体与个人、西方与东方的讨论，而是显露在日常物的各种组合里。

具体到洪浩的"反光"个展，不同价值的物品放置、排列在同一平面，撇开作品涉及的水彩、铅笔、丙烯及绢布材料，他用人手把实物放在画布上，通过和现实物体的一个"触"，描绘出轮廓、上色。

从《藏（cang）经》中以地理为背景的世界局势图，到《我的东西》这类还原性较强的作品，再到《再生》《寄生》的"就势"个展，艺术家选择直接在收据、邮票、便签的空白面描摹，在机器及制度的产物的另一面加上个人的创作，就产生了个人和现实的关系和语言所不能传达的信息。创作的过程被推回生活本身，形状、颜色、质感各异的物件回归到统一的平面上，在经历收集、描绘、扫描、制作、输出、再次手绘等创作步骤，剥离了工业设计、营销赋予物品的功能，取而代之的是艺术家现实经验的导入。

观者会发现在这十多年中洪浩习惯对文化资讯解码、再编码，在他理解的"当代性"中将物件升值为经验。只不过"触"的方式发生了改变，早期作品多为摄影、电脑的录入，在"扫描"时，"机器"是"触"这一行为的实施者，器缺少判断，只能一视同仁地处理被扫描对象。

等到了近期的《往复》和《反光》，《反光》是《往复》的承继，《往复》又为洪浩"扫描""就势"类型的延续，绘画的介入丰富了"触"的内涵，让人意识到几何形状、色彩之间曾经或现在所存在的联系。值得注意的是，艺术家逐渐成为组序的一部分，"序"要求他不断在艺术生产中不断自省，深入"触"的程度，进行有规律的自我磨炼。

《反光》系列以更接近物与形本身的临界点，寻找超越思维、语言的讯息，此刻物体的"负部"（指物体的底部）是阅读的切入点，聚焦人眼难以观察或是不留意的地方。这一点也提醒观者反思自己是否对周边的存在物有深入的认知？透过"触"可否有助他们加深此种认知？

实际上，观者在外部组序中通过自己的记忆、经验进行参与，在物体的反光中揣测其原貌、对比其状态变化的过程，即是观者的"触"。观者的"触"随着中国社会消费文化的变迁亦经历了调整——越来越多的物品为满足欲望而被打造，人和物被摆在同样的"被消费"的位置上；而消费者与消费品的角色相互转换、物体消费属性与物质属性的重叠，混乱、庞杂的组序关系从未停滞。

关于物体本身与审视的秩序在时下倡导的消费性口号下逐渐失语。洪浩的作品以还原物质的方式，试图剥离意识形态的附加值。去物质化是一种创作方法，亦是观看方法，始终与被概念化了的"秩序"保持冷静、理性的距离。

艺术向观者提供的恰恰是感觉材料，人们以自身的认知能力，再将此感觉材料变成认知，从而建立起区分原始标准与附加形式的观看方法。至于组序，它总在不断的失序中重新建立，等待在循环往复的实验中捕获归真的一刹那。

洪浩个展"反光"展览现场，《往复》系列三张作品　艺术家及佩斯画廊供图

洪浩《反光之六》与《反光之五》 艺术家及佩斯画廊供图

林璎与她的诗意针灸

　　每每提到林璎（Maya Lin），华人会先想到她的文化世家出身，她既是政治家、外交家林长民的孙女，又是民国才女林徽因的侄女；美国人则先会念起她在耶鲁大学读书期间设计的令她一炮而红的越战纪念碑。正是在此创造过程中，她因亚裔身份而屡遭诟病，在这之后她才于一夜之间恍然意识到自己的身份问题："不管关于我身份的问题是多么不经意地被提出，它令我强烈地意识到，很多时候，我不是一个真正的美国人，但我也不能算是亚洲人……我想这是一种以'局外人'眼光看世界的感受，始终保持着疏远的距离。"

　　对林璎而言，如果将建筑比作小说，艺术便是诗歌，她在做建筑时是小说家，在写诗时就是诗人。不过无论从事何种创作，她均利用"局外人"的身份从边界入手，在事物的对立面之间进行探索。科学与艺术、东方与西方、分析与直觉、艺术与建筑、公众与私人，林璎同对立的两端都持有清醒的距离。再看身份，林璎也不认为自己属于东西任何一方，因而在疏离感的作用下，她手中作品的情感愈加饱满。

　　林璎早年多以创作场域景观艺术（Site-specific Art）闻名，她习惯从广袤的土地上寻找线索，留下反映人与自然关系的印记。然而，她亦会在纽约的工作室中做一些小型作品，灵感取自岩石构造、冰川、水纹图案以及地球的卫星图像等，这部分作品可视作她大型景观创作的"蓝图"。这次佩斯香港画廊展出的十一件"蓝图"，清一色地与江海有关，其中清晰可见科学数据、电脑建模、手绘测算的痕迹，说明这"蓝图"又不是林氏凭空抽象臆造出来的山水。

《消逝的水体》系列以美国佛蒙特州大理石及可再生木材组合而成，顶部为一组似地理等高线模样的"地势图"，底部是一根做支撑用的原木木柱。待观者仔细看去，才察觉这并不是大理石造的"地势图"。大理石横切面面积由下自上不规则地减少，而同系列的三件作品逐层递减的情况不尽相同，使人疑惑"减少"的究竟是什么。若不比对百余年间水体缩减的全过程，恐怕我们不能清楚地看到自然界在人力作用下日积月累的变化。实际上，林璎取材非洲查德湖、中亚盐海、北极冰层水体萎缩的卫星数据图片，她在科学计算后，选择用表面冰冷、质地闪耀的佛蒙特州大理石模拟出阳光照耀下的湖水表面。观者通过观看、触摸这些雕塑作品将会联想到身边的环境由时间流逝和人为因素造成的损耗，由此所触发的忧思和人们面对大型纪念碑时的伤怀有互文之处。

水的元素曾在林璎的场域景观作品《波场》（Wavefield）中化身水波形状的山丘，眼下则是借佩斯展出的作品构成一首致水的诗。这一次，"诗人"下笔沉稳、态度冷静，不加修饰地展露其对自然之崇敬，反倒让无形的水在流过有形的雕塑时，有了人情的温度。

无论是身处华盛顿越战纪念碑前，抑或置身画廊中细观钢针组成的"长江"，观者在与作品产生共鸣和移情情绪的同时，为作品搭建通向他们意识的路。林氏创作予人一种体验性的指引，而非说教。当观者目睹作品的边界处于不确定、模糊的状态，被引导去思考在这模糊背后的有关消逝的问题。"什么正在消逝？"——这是林璎近三十年间不断以作品反观自然的提问，亦是她第五个（最后一个）纪念碑创作。《什么正在消逝》（What Is Missing）是一个呼吁保护濒危生物的大型多媒体互动装置，在征集全球各地个人"纪念物"的同时，以类似反纪念性的手法试图阻止这种纪念活动的延续——阻止物种的持续减少。

在展厅的墙上，装置《针河——扬子江》以数千个大头针拼组出长江的地理形态，作品的轮廓形似一条龙：河口像是龙口中喷出的火焰，下面的洞庭湖与太湖组成龙的两爪。每颗钢针三分之二露在外面，三分之一嵌入墙身。想要一针针疏密有致地拼出"火焰""龙爪"绝非易事，针距需要随着地形变化不断调整，一件作品中不会出现相同的拼组模式。

在抗战时期，林徽因和梁思成为躲避日本人轰炸，跟随营造学社住在四川宜宾李庄。有趣的是，一次梁从诫和母亲聊天时，问："如果日本人打来你们怎么办？"林徽因当时平静作答："中国读书人不是还有一条老路，咱家门外不就是扬子江？"在林璎二十一岁生日那天，实则第一次听闻父辈的故事，才得知父亲林桓有位他十分敬重的姐姐。林徽因与林璎都是建筑师，都曾求学耶鲁，都是心里装着大江大海的林家女子，常被人拿来作比较，如此一看"扬子江"的创造虽是巧合，却也有些向林徽因致敬的味道。

针做的河川，多少显示出艺术家个人的"寻根"意图，亦如向观者内心施以"针灸"。虽然几乎人人知道水系珍贵，河流却因它平静无言的特质，在作为生命体时往往被人忽略。单看长江的地图、规划图，理性数据无助于观者对长江形成感性认知。至于长江是如何随着朝代扩土开疆、如何在三峡截流后水流量日益下降，历史与存疑皆是少人问津，林璎的"针"似在提醒观者："如果忘记过去，我们就失去真正细察、感知周围环境的能力了。"

面对林璎的小型作品，观者能像体验她的大型场域景观一样参与其中，也能在这些微缩的世界中反观自我。有时，我们在重审对艺术的期待后，竟会略感尴尬。因为林璎选择用直接、简约的方式制作"真实雕塑"，作品中滤掉当代艺术注重的波普符号、隐喻揶揄、戏谑讽刺，只留下林璎在自省过后对人与自然相处之道的探讨。当饮珠江水长大的人面对雕塑《银色珠江》，也会生出一丝疏离感——以再造银打造成的细长"珠江"，眼下已是如此单薄的一支水系，想到未来它将变得更加单薄，似针灸般的酸痛即刻作用于观者己身。

中西文化碰撞、融合之下的"局外人"身份令林璎跨越艺术的边界。从《消逝的水体》到长江与珠江，再到《破碎景观》和《蔚蓝海波》，时间随着空间在运动。同时，当观者在路径中位移，空间又会在时间里流动，个体经验逐渐变成时空两端的连接点，令人忆起林璎在自传《疆界》（Boundaries）中评论越战纪念碑所说的话："在我看来，这并不是嵌入土地的一个物体，而是土地本身的一部分。我的创造只是剖开土地，打磨土地表层，使岩石成为纯粹的表面，营造一个阴阳两界之间的联系点。"

原刊于《明报月刊》2016年4月刊

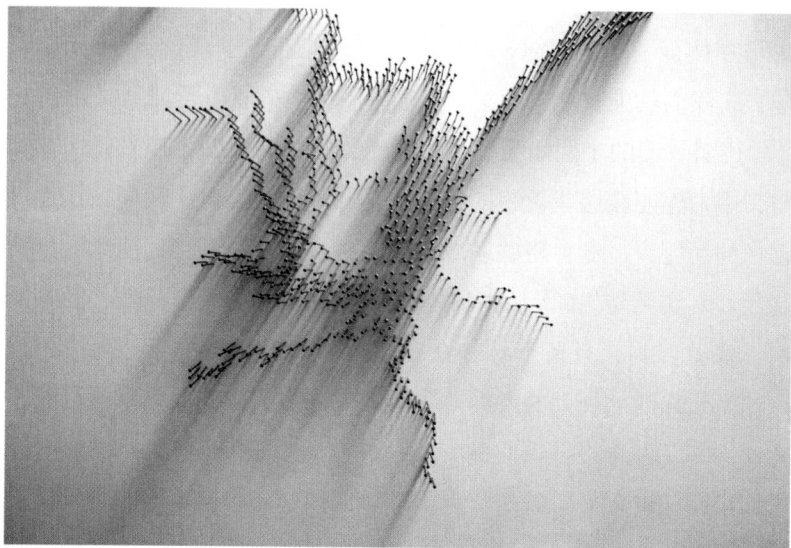

林璎二〇一五年《针河——扬子江》（局部） 艺术家工作室及佩斯画廊供图

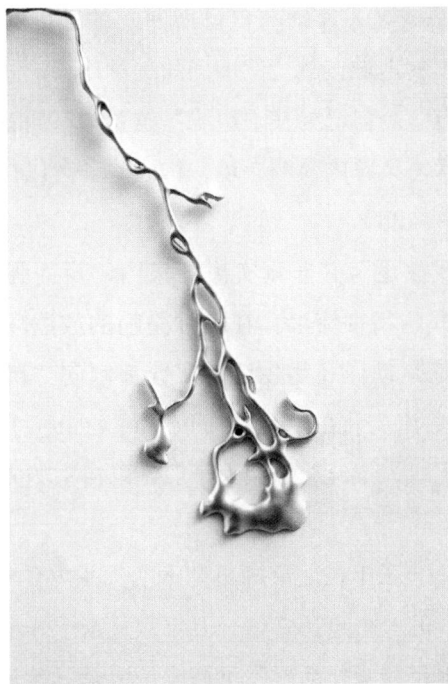

林璎二〇一五年《银色珠江》（局部） 艺术家工作室及佩斯画廊供图

域外的"空":
分析梁铨艺术创作中的"自我放逐"

萨依德（Edward W. Said）曾经提出二十世纪的西方文学应被看作是"域外文学"，如果将"域外"的概念引用在当代艺术的场域，可被理解成艺术家需与自己所熟悉的环境保持一定审美距离。在远离中国的地域接触全然不同的美学诠释形式，在面对蓬勃热闹的市场时有意令自己处在"边缘"位置，这两者恰恰对应了中国抽象水墨艺术家梁铨的淡泊心境，构成他长久以往进行着的"自我放逐"（Self-exile）。

此种"自我放逐"并非真实离开家园，反而强调放逐之人要进行知识分子式的精神流浪，在一种隐喻的放逐环境中疏远于特权、荣誉。无论是创作还是生活，梁铨都倾向"自我放逐"的过程，他不接受主流文化的驯服（Undomesticated），也不应声附和。在思考问题时，梁铨总像旅人一般，以自主的姿态从凡俗生活中解放出来。

如果说二〇一三年在北京蜂巢艺术空间举办的展览是以"茶"为主题进行创作的一个点，二〇一五年六月末于蜂巢举办的"蓄素守中：梁铨三十年绘画作品展"可算成是记录梁铨艺术创作历史的三条线，六十至七十件作品涵盖了艺术家三个进阶的创作阶段——上世纪八十年代初发展的"重彩时期"，二〇〇〇年起的茶痕阶段（茶作为介质引导创作），与二〇〇五年前后进入的平淡空灵的水墨庭院。

上世纪七十年代末，梁铨旅美进修时正值中国内地改革开放，他怀着对西方世界的遐想，仅带了二百美元，前往美国旧金山美术学院研习版画，其间借住姑姑家。在留学的三年里，梁铨起初不理解德国新表现主义绘画，甚至觉得这是五分钟就能完成的作品。直到后来接触到安迪·沃荷（Andy Warhol）的波普肖像、贾思培·琼斯（Jasper Johns）的美国国旗、赛·托姆布雷（Cy Twombly）的时空图解，他才发觉自己看法的片面与局限。与此同时，梁铨在纽约结识了艺术家谢里法、在旧金山遇到萧勤，他与几人倾谈西方现代艺术的赏析方法，而后他逐渐认识到抽象画并非无章法的乱画，而是与中国画一样，有着坚实的思想基础。

西方当代艺术的实验性探索比中国起步早，对混合颜料、复合媒介的使用十分普遍。一九八三年，梁铨带着西方的混合技法回到国内，却因为混合媒介不属于版画、油画或中国画任何一个独立领域，而陷入一种前所未有的尴尬境地——梁铨的画无法参展，当时尚未兴起的画廊业也无能为力。回到国内，梁铨像是从自我放逐转向被放逐的过程，一面在杭州美术学院教书，一面在文艺解禁的大环境中阅读老庄，并接触到古人绘画。

梁铨的这种"自我放逐"并非消极地否定中国传统，而是在以西方艺术为参照体系的过程中，情愿更深入地解读中国艺术精髓。从一九八七年在大英博物馆观看顾恺之《女史箴图》，到推崇倪云林、傅抱石、齐白石等人作品，梁铨总结中国艺术的独特性体现在两点——一是注重个人的融入，个人因素融化成墨色、构图、皴法的运用，在画家思绪中慢慢衍生出意境；二是重视对空白的使用，相比之下，西方注重的背景色中的黑，对应的正是中国画中的白。梁铨说："西方将意境包裹在暗的空间里，中国的则包裹在白的纸面上。"

　　若将梁铨作品单纯以几个时期作为区分，不免片面。早在其一九八二年作品《向传统致敬》中，版画"薄拼贴"的技法已被使用。当时，他选取晚明陈洪绶《水浒叶子》中的复制残片组织了块状山水的透视空间（由染色纸张构成），又用几组接近灰度的线条密集排列成另一空间，在两个空间之中暗藏了一层层"空白"。到了梁铨的重彩时期，"空白"化作纷杂颜色中行云流水式的册页，也成为抽象拼贴在象征性符号的约束下形成的理性表达。

　　《中国册页》系列组画尺幅不大，接近传统书画册页的常规尺寸，共分为四套，每套十二张，实为梁铨在创作大作品时制作出的"小反映"。在册页中，传统书画残片与涂鸦线条并置，火焚痕迹与染色宣纸叠合，层层递进、堆砌出来的细节实现了"空"。同时，册页反映了梁铨在八九十年代"狂飙突进"的时代语境下做出的"艺术介入"——透过充满矛盾的纸上世界，映射中国社会巨大变革下艺术家所经历的强烈悸动与思想冲击。倘若那时有一方水土可供梁铨避世，便会是他的册页空间。

　　梁铨早期创作可被视为他在中、西艺术环境中进行的一种给养式的自我放逐，二〇〇〇年后的横条纸带拼贴则是梁铨"以繁驭简"后，对"空"做出的进一步诠释。"二〇〇〇年左右，我在老家看到外婆的洗衣板，木板中间有横线条，洗衣板上下的空间正好可被看作画的绫边（裱画上下用的丝绢）。"梁铨试验了许久，方才将洗衣板的纹路转化成抽象的视觉表现。他注重纸条的粗细，这像极了水墨用色与茶痕浓淡的变化，他说："如今有了十五年的经验，作品的内部结构更加清晰、稳定，表意系统相对成熟，当然我看问题也更加淡泊。"

眼下，梁铨常做的是200乘140厘米、120乘90厘米的作品。每年作品创作量不过十余件，作品均由他在家中墙上绘制。作品《茶和一点点咖啡》中，宣纸纸条经过剪裁、上色、拼裱，后融入茶色与咖啡渍，形成基本的色块，梁铨再对这些"半成品"进行组合，一件作品能修改上很久。等将作品从居所的小空间搬至展场的大空间，梁铨又会在"空间转移"中发现新问题，他说："只能再做修改，没办法，因为作品是可以永远改下去的。"

　　淡泊的心境源自对画面走向的揣摩。梁铨全情投入在繁琐的制作过程，小到纸张的初步剪裁、去毛边，大到为纸条染色、拼贴、托裱，他都要亲力亲为。在梁铨看来，"空"在制作中俨然是"悬而未决的一块心病"，以至于每一笔的"落或不落"都至关重要。由此，梁铨会独自面壁参禅，也会与朋友品茗论道，反思自己所追寻的创作机制——重复动作的意义是什么？抽象水墨的精神又是什么？

　　梁铨直言他不会考虑观众与自身，他将自己比作演奏古典音乐的钢琴家，只是在演奏，曲子弹得很轻。"如果你考虑观众，那便是想要卖画，如果考虑自己，就是想当大师，我两者都不考虑，追求的是一个'无我'状态。创作在这种情境下是自然流露出来的，可遇而不可求。"

　　此外，梁铨家中客厅摆放了许多古典音乐唱片，他本人对鲁宾斯坦（Artur Rubinstein）演绎的萧邦赞不绝口，而鲁宾斯坦指法中诗意的"柔"与梁铨抽象拼贴中细腻的"轻"产生起照应来。这种"轻"弥漫在梁铨的《桃花源记》《溪山清远》《祖先的海》《潇湘八景》《清溪渔隐》等系列作品中，成为一种平淡素雅的新文人气质。

"轻"来自梁铨的平常心与生活禅，贯穿在他的浓淡色彩、激情撕纸、细腻拼贴、强烈触感中。梁铨每一个创作阶段皆若修行，慢慢从见山是山，演化成见山不是山。此刻，梁铨仍未停下，还要重新回到中国画的"线性"艺术中，再做探索。轻与空、"放逐"交织成梁铨沉思冥想的创作状态，既照应了中国传统山水的青绿颜色观，亦流露出西方油画的构图关系，进而由作品打开了中、西艺术在抽象表意上的对话。

　　谈到抽象水墨在中国当代艺术大环境下的发展，梁铨认为抽象水墨虽处在较为边缘的位置，却依然体现当代水墨的精神——关注人与自然的关系、探讨人如何谦卑地在自然中生活。然而，笔法不应是为了抽象而抽象："抽象这几年开始被更多人了解，水墨来画抽象这一块，许多作品表现形式仍需要时间来检验，现在很难说。但肯定的是，画画的人不能因为市场或者其他外因变得狂妄，也不能炫技，因为创作还是要有最真实的想法。"

原刊于《典藏·今艺术》2015年6月刊

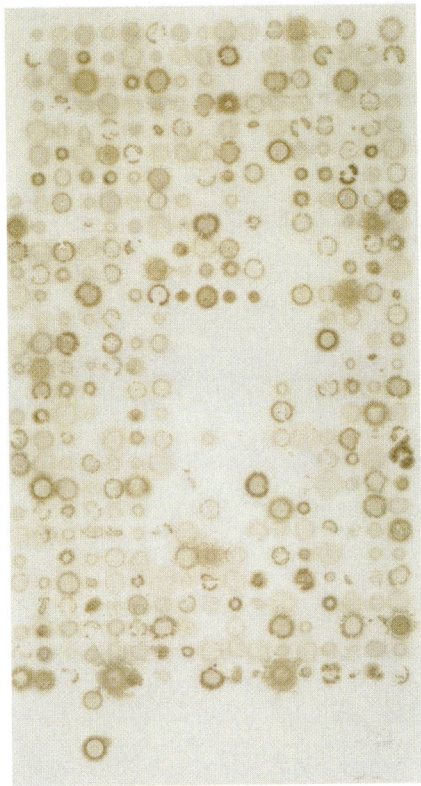

梁铨《茶海1-1》 艺术家及上海当代艺术博物馆供图

梁铨《茶禅之三》 艺术家供图

潜意识的瞬间　致未来的自己

　　"海流有可能将瓶子带回香港，让人在香港的海滩捡到，如果真要等上一百年，我希望到时候他能联系我的孙子。"香港摄影师梁家泰今年四月十八日至五月三十日于香港知专设计学院HKDI Gallery举办《浮瓶·浪迹：梁家泰多媒体摄影展》，展场内陈列有七十帧摄影作品，及录像、互动装置；展场外，艺术家做着一个开放性的实验，欲将展期延至一百年。

　　展览名为"浮瓶·浪迹"，从字面意思上来看，"浮"与"浪"都与水有关，正是二〇一三年秋天梁家泰与太太吴赞梅三十五日环游南美的写照。他二人搭乘一艘法国大型货柜船，在深圳赤湾登船，穿越整个太平洋，涉足哥伦比亚、智利、厄瓜多尔、秘鲁、古巴、阿根廷等地。

　　虽然时有上岸，但旅途的多数时间是在海上漂游。展场按"浮瓶"与"浪迹"两个系列，分成海洋与陆地两部分展区。观者从海洋部分开始浏览，穿过长廊，慢慢走入陆地部分。陆上的摄影作品分别挂在树形装置两侧，相片没有被规定呈现次序，观者可在森林般的影像迷宫中，独自寻找出口。

　　人在浮，樽亦在浮。"浮瓶"系列既记录下梁家泰在船上的经历，又与他"瓶中信"的实验相互照应。梁氏带着三十二个瓶子上路，共装有三十二封信。除自己创作的那一封信，他另外邀请了三十一位不同职业、背景的朋友参与其中，包括：李欧梵、高志强、叶锦鸿、尊子、又一山人等，信的内容涉及：文字、摄影、漫画、书法及超声波图像等。梁家泰亲自将三十二封信放入瓶中，并将收信与掷瓶的过程用录像记录下来，与信笺的影印本一并展出。他希望这三十二封信可以作为一个横截面，向他乡的收件人反映香港人的生活情况。

梁家泰称，信的内容呈现出许多不期而遇的浪漫，这和瓶子的浮游状态有相似之处："你在写信的时候，不知道收信人的名字、背景，不知道他几时能够收到信件，甚至不清楚会不会有人收到，不确定性太多，像是写一封给未来的信。"

李欧梵在他的信中提及待收件人读信时，可能已过数十年，但他仍盼望收件人愿意"按信索骥"，联系这远居香港的寄信人。他还引述爱尔兰诗人叶慈（W.B.Yeats）的《渔人》（The Fisherman）一诗诗句，向收信人自我介绍。梁家泰笑言，这"渔人"颇有些李欧梵个人写照的意味，博学多才、关怀世事。

"世界上漂得最久的'瓶中信'达一百零八年，百年间，瓶子经历的旅程说不定比人还精彩。"梁家泰对每一只瓶子的投放地点做下记录。按照洋流运动的季节性规律，大致掌握了瓶子的漂流方向。然而，他很快发现，多数瓶子未能按照预计的线路"航行"。他曾在太平洋投下一个瓶子，没想到八个月后竟收到一封陌生女子的来信，拾起瓶子的人是加拿大海洋生物学家卡拉·哥斯文（Carla Crossman）。

按照梁氏原本的估计，这个瓶子会从亚洲向北走，一路途经美洲、阿拉斯加，最后南行到达墨西哥或智利，却未料想到它遇到一个小海流，向北打了一圈，最后来到加拿大赫卡特海峡。开幕前两星期，梁家泰又收到一封电邮，一个巴拿马人在泰国捡到了他在危地马拉投放的瓶子，他认为这也证明了缘分："危地马拉离巴拿马好近，想不到这瓶子横渡了太平洋，就是等这个人来捡。"

从浮游转为浪迹，等到上岸之后，"不期而遇"的事又找上门来。

二〇一三年十二月，船航在秘鲁南部城市库斯科靠岸，梁家泰因脚伤不便远行，下了船只好和太太逛逛临近的小镇。当地的秘鲁人信奉天主教，为庆祝圣诞节，全部盛装出行，一路载歌载舞，梁氏见到此景即刻拿起相机，不觉间跟着欢庆的队伍走了好久，沿途拍下不少作品。

不期而遇的除了影像，亦有旅途中的每一个人。从梁家泰早期作品"白日常梦"到"中国影像：一至廿四"，再到这次展览，人都是创作中不变的主角。他总是隐身在人群里，携相机穿梭在闹事与街巷之间，摄影作为类似速写一般的载体，抒发出旅者意欲想说的话语。

这次旅行，梁氏只带了一部富士X100S相机和一个三十五毫米定焦镜头。这和他刚出道时用的设备差不多，简单、轻便。搭船途中，梁家泰曾在水手背后拍下一张相片，仅仅是因为喜欢水手在逆光拍摄中隐隐发光的耳朵。作为拍摄对象的水手，虽然知道梁氏正在拍照，却浑然不觉自己成为了镜头下的被摄者。

如果被摄者无法察觉摄影师或摄影动作的存在，他们和摄影师之间是否存在联系？前阵子举办的座谈会上，香港浸会大学人文及创作系教授文洁华提出了这个问题。梁家泰当时不知如何作答。但他始终感到两者之间是存在交流的，只不过这种交流很难向旁人言明。

对此，布希亚（Jean Baudrillard）曾说："摄影操作是一种反射写作，世界自明性的自动写作。"镜头下自明性、反观性的视觉经验，是相对个体、私隐的。当挑选照片时，梁家泰才恍然发现，古巴的单车少年、厄瓜多尔的木桥女童、甲板上凭栏远眺的身影……旅程中的种种已成过去，对他来说却仍十分熟悉，即使他与被摄物之间从未有过正式交谈。

按下快门的那个瞬间，梁家泰不清楚究竟影下了什么。那一瞬间太快，容不得人去推敲构图、光线、技巧。但他清楚，真正被影下的往往是人的潜意识。摄影师与被摄对象的联系，是在摄影对象在照片中以影纹的形式再现时才显现出来。当"发光的耳朵"被再次观看，它不再是那对耳朵，而是变成平面上的再现物，变成了可被人感知的影像。

与此同时，"发光的耳朵"记录下梁家泰在按快门瞬间的时空状态，重塑了过去时的拍摄现场，让摄影师意识到那一刻他在场。也是在观看中，他的照片成为真实的情感流露、最个人的视觉反馈。梁家泰如是说："森林中有一棵树倒了，无声又无息。即便没人看到它倒下，没人理睬它，可是树自己知道。"

有人说梁家泰的旅行是游牧式的，他予以否定。他的根始终在香港，何来四海为家的放牧之说？对他，摄影是观察这世界的眼，也是他实现自我对话的方法。

原刊于《明报月刊》2016年6月刊

"浮瓶·浪迹：梁家泰多媒体摄影展"作品之一
艺术家及香港知专设计学院 HKDI Gallery 供图

通过"发光的耳朵"，摄影师反观了自己，树倒了，树自己知道

艺术家及香港知专设计学院 HKDI Gallery 供图

白纸非纸：刘建华书写可感知的温度

从事瓷艺术创作超过二十载，"瓷"是江西景德镇的童年记忆，也是生活经验，还是出席过作品《遗弃》《骨头》《一叶苇舟》《容器》的"主角"。"瓷"对于中国艺术家刘建华而言还有特殊的意义，不只是物质、材料，通过与瓷的对话，他表现对事物的感知、认识，平静或嗔怒，都被塑在这白色"瓷纸"之中。

刘建华说："用陶瓷做纸，不同于石头、木头或钢铁，坯子要放入一千三百度以上的炉火中烧制，同时要用擀面杖将它做得很薄。为什么做瓷？我想这种材料能带来可能性，体现虚实之间的联系，纸张书写历史、感情，所写的内容涵盖在制作的每一过程，呈现出一个无形，它就有了情绪。"

作为观众，远距离观看，这组作品貌似安静，颇有空的哲学意境；走近再看，细部处理巧妙，有若隐若现的小斑点与纸边的褶皱变化。自二〇〇九年开始创作《白纸》，刘建华一路调整创作方法：早期的"白纸"作品尺幅较小，当时高只有一米二，如今的高约两米；用料也在发生变化，早期使用高白泥，追求一种很白的颜色，现在改用大件泥，营造富有颗粒感、泛黄纸张的质感，有了些性格和历史感，《白纸》遂渐渐从单纯的"白"过渡到复杂的"纸"。

白纸非纸，厚度是它有别于日用白纸的一点。这次展览的八幅作品分成大（六幅）、小（两幅）两类，厚度可达0.8厘米与0.696厘米。厚度令难度加大，从表面压平到烧制、抽水，每次升温、收缩都会影响作品走向，十张中能有九张坏掉。"白纸"在炉中完成编码，"烧"既是动作也是书写方式，纸承载了情绪的变化，塑造出令物成为物、物具有形的实验场。

白纸非纸，此系列在空间运用上有别刘建华以往的创作，这次他从佩斯香港的空间出发，将"一个空间里纯粹展白纸会怎样？"的念头付诸实践。白盒子里看白纸，缺少鲜艳颜色与丰富表象的纸需要观者花更多时间反复审视，观者的参与使无形的书写变成有形的认知，亦延展了白纸的内在性，拉开作品与现实之间的距离。对此，刘建华说："距离带出自由生活的可能，个人把握对形态、物质的感受，封闭独立的空间展示一个静态的'场'，让观众进到这里，脱离现实的繁杂的空气氛围，思考自身可能性。"

如果和艺术家二〇〇六年在上海双年展展出的《义乌调查》相比，他的"场"不再是通过依靠现成品排列、堆砌所产生一种仪式感，过往不同颜色的"大杂烩"亦被净化、提萃成一个颜色：一个不那么"满溢"的白。

亚瑟·丹托（Arthur C. Danto）在论述马列维奇的《黑色方块》时曾阐释过"白纸状态"（tabula rasa）的特点——"单色方块其实是富含意义的。它的虚无与其说是形式的事实，但不如说是一种暗喻——洪水后的净空，或空白页的空白。"随着制作过程的推进，白瓷因其质地同石膏、土不同，雕塑起来的内外延展空间更大。

艺术家早期的"白纸"因材料缘故，看起来还有一定的"诱人"的视觉因素；然而发展到如今，"白纸系列"变成一种不具有装饰性成分的作品。换言之，这样的"白"看起来略微粗糙，但却也指向了刘氏从"彩塑系列"后进行的种种反思，诸如：怎样才能去除表意系统的限制，而专注于材料（及与材料的对话）本身？

借"空白页的空白"再分析，单色的艺术形式中并不是单层的，平心而论，如果将"白纸"当作是"极简主义"的产物，这样的论述本身就已经陷入"极简"的误区。再像作品《二〇一二年末》呈现的青釉色窗棂图案，也不是工业化产物。瓷由人手而塑，在展示中流露出景德镇制瓷业千年历史，其中的匠人技艺与瓷釉变迁在观者眼中延展了纸的承载力。白纸，由此传递出一种温度。

原刊于《典藏·今艺术》2015年10月刊

刘建华二〇〇九至二〇一二作品"白纸"系列　艺术家及佩斯画廊供图

刘建华《白纸》（局部），瓷，201×103×0.8厘米　艺术家及佩斯画廊供图

媒材上的跨度，记忆上的承接

——浅析冯梦波艺术作品中的"光韵"

艺评家董冰峰论及冯梦波新作时提出，"绘画—媒体艺术—绘画"的形式成为冯梦波作为个体表达其生命体验、艺术观念的最直接的形式。在笔者看来，无论形式上作何或连贯或断裂或轮回的呈现，不变的是冯梦波作品中的气韵。

这种气韵，迎合本雅明（Walter Benjamin）对古典艺术品独特气质的形容，被称为光韵（Aura）—— 一种萦绕在传统艺术品身上的独一无二的气质。本雅明在《机械复制时代的艺术品（The Work of Art in the Age of Mechanical Reproduction）》一书中以梵高的画为例，强调人在观看绘画时会被作品的原真性、膜拜价值所吸引，吸引他们的正是光韵，这种单纯依靠技术复制所不能模仿的气息与涵养。

然而，"Aura"在冯梦波的图像世界中，总是以一种综合媒介的形式出现，起源于冯氏的手绘创作（版画），却在其电子游戏的交互装置中得以延展，最后当观者驻足于他的一张张画作面前时，既看到了绘画与游戏的关联，也可自由地从这关联中跳出，回归到本雅明所说的画作的原真性与膜拜性中。

二〇一五年五月于香港汉雅轩举行的冯梦波个展《大音无响：冯梦波图谱》即是一盘混合了记忆五味的"菜"，它结合了冯梦波在过去二十多年对多媒体艺术、绘画、装置、音乐表演等艺术形式的集体探索。时到如今，形成了冯氏艺术品的独特气韵，这种气韵一方面来自剧场式的视觉仪式，另一方面来自艺术家个体化的记忆。

首先来说说剧场式的视觉仪式。

仪式来源于操作的步骤、播放的节奏、音乐的频率及观众的参与。一九九一年冯梦波早期装置作品《晾干》已开始着手处理对现实的复制与材料的混合，内容呈现了纸浆模拟的骨骼印模与生活用品照片。在八十年代美术新潮与文化重压并行的岁月，冯氏将他的绘画以近似隐喻的形式，低调地藏在其设计的游戏系统中，但不可否认的是，绘画在此时仍然是他将艺术概念视觉化过程中最初级、最重要的一步。

到了一九九七年在卡塞尔文献展展出的《私人照相簿》，这是冯氏第一件完整的计算机作品，涵盖了丰富的文本内容及日渐成熟的艺术语言。艺术家巧妙地选用样板戏、抗日与国共内战的电影片段，作为互动多媒体装置中仪式性的场面，观者可按键选择观看路径，进而在体验冯梦波的个体经验中，对其家族史做一种文献式的访问。冯梦波整合数据的过程，观者在设定好的程式下浏览的秩序，都成为组成仪式的一部分。

冯梦波的影像艺术实践中离不开电影的影像。在他成长的七八十年代，他曾在群体与个体的体验中都经历着看样板戏、看革命宣传片的阶段。对此他并不反感，至今依然乐道："每次放电影前，都会放幻灯片，先做三十分钟的宣传演讲，然后才开始播片。我们一帮小朋友等得既辛苦又激动。那时录像带是分成几卷的，常常出现第一卷播完，第二卷还没送来的情况，就要等上一会儿。"

这种电影的仪式感起于冯梦波的观看，却不止于电影（样板戏改编电影）夸张的动作、铿锵有力的人物对白、正面鲜明的英雄形象……实际上，冯梦波将这些记忆中的"标记"放入作品，以诙谐而嘲讽的方式，传递到春丽、孙悟空、李小龙、杨子荣等角色身上，塑造融合了后波普、流行文化元素的新场景。

仪式，植根于记忆当中。

在《大音无响：冯梦波图谱》展览中，美术史上的名作被冯梦波广泛挪用，其中多数来自储存于冯氏脑中的视觉印象，像是戈雅的线稿、弗朗西斯·培根的笔触、徐悲鸿的马、齐白石的虾、李苦禅的鹰等，余下的少部分才是冯梦波近期接触到的新图像与随之获得的新记忆。等到视觉再现时，这些印象被冯梦波挪用于鼓皮、光栅、纸本、布面等媒材，它们脱离了原型，在一些风趣、暧昧、纷杂的场景中被拼凑成新的带有仪式感的印象，与此同时，等待被再次挪用。

难免有人会质疑，冯梦波的这批新作挪用的技巧是不是过于明显，会不会降低其作品带有仪式性的光韵特征？若将此手法看作冯氏对现代主义艺术的一种拒绝、推翻，笔者认为这种说法是不准确的。正如本雅明未能从艺术创作的机制本身来思考光韵一样，并不是媒介决定了光韵，而是创作本身。

从《游戏结束：长征》组画开始，冯梦波就将他的个人记忆当作一个资源丰富、便于随身携带的资料库，他在多媒体互动装置、绘画上的挪用，实为一种补充、延伸的过程。正如一九七七年策展人道格拉斯·克莱普（Douglas Crimp）在其展览文章《图片》（Pictures）中所言："我们不是要去寻找来源的起始处，而是要找寻来源重要性的结构：在每一个图像背后总会有另一个图像。"撇开掉视觉图像的内容不说，这些图像中总会潜藏着关于图像"本身"的另一种叙事的可能性，《霸王别姬》何尝不能是《姬别霸王》？

以冯梦波钟情的角色春丽为例，她最早曾出现在《游戏结束：长征》组画中，当时她只是小红军的对决者，在随后的二十年中才断断续续地"参演"冯氏作品。如今，她已成为《大音无响：冯梦波图谱》几个系列绘画的女主角。围绕着春丽，冯氏建构起她的家族史，让她与其他人物发生关系——春丽可以是孙悟空的爱女，也可以是情人；春丽可以独立存在，也可以与其他人结伴而生。在这些画作中，观者可以看到冯梦波打《街头霸王》时使用过的春丽，她依然具有强悍的战斗力，是位来自香港的国际刑警，拥有"雌雄同体"的外观。但画面却也用人们不熟悉的剧场的形式进行着展演，春丽在每张"剧照"（指作品）中小声抽泣、婉转妩媚，在冯梦波的剧场中，春丽可以是春丽，也可以是一个"视觉容器"，指代任何人和事物。

这些记忆将真实与非真实相互交叠，春丽是非真实的，却在冯氏脑海中有了真实的记忆，这种非真实的记忆依托"仪式化"的视觉表现手法变得合情合理。换言之，春丽和样板戏、革命宣传电影一样，存在于冯梦波的记忆。此时，"非真实"取代了"真实"，个体经验取代了宏大叙事，成为身处数码世界的我们在日常生活中理解世界的一种普遍模式。

《大音无响：冯梦波图谱》展出的绘画，颇有游戏的味道，这一点符合张颂仁在"冯梦波个展评论'冯梦波的幸福剧场'"中的描述——"他（冯梦波）反而是用技术较难的绘画来仿真计算机效果"。在几个月的创作过程中，冯梦波每天遵循规律的生活节奏，这和他以前"睁眼第一件事是开机"的习惯异曲同工，只不过现在他的创作机制负责"输出"绘画。对冯梦波而言，作画的难度并不在技法，而在如何将其电子游戏、装置中呈现出来的交互性审美、对城市化的观照反映在平面上，同时不能减少冯氏作品本身的光韵。

耐人寻味的是，当冯氏创作舍弃形式上的"绘画—媒体艺术—绘画"过程，绘画作为创作的起点与结点，作为他学习艺术的开始与现阶段的发展，将其多媒体艺术中的光韵，移至鼓面与立体光栅上。冯梦波以多层次的混合材料创作出的故事，试图让观者在画面迷宫中抽丝剥茧，他的记忆成为解开谜题的线索，冯氏在画中设置的"视觉层次"又与他游戏中呈现的重重关卡产生了互文作用。冯梦波在二十余年后重拾绘画，没有命题、没有时限，他说自己不想让人觉得他画得好或差，反倒是倾向留下空间，让他的读者自行观看其绘画的魅力。

同时，气韵或光韵的产生需要借助审美上的距离感，本雅明称之为"我们将自然对象的光韵界定在一定距离之外但感觉上如此贴近之物的独一无二的显现"。新媒体的交互功能无疑拉近了观者与艺术品间的距离，在观者获得个人经验的同时取悦了他们，却不能帮助观者加深对艺术品本身价值的理解。回到冯梦波的创作方向，他正在将与观者（体验者）长久以往建立起的"亲密"关系逐渐拉远，让他的作品在美学观察上重新建立一定的距离。

距离也将拉长观看的时间，这在二〇一二年《梦波2012·冯梦波个展》碑帖拓本样式的作品《点阵冯》与《矢量冯》中已有体现——观众在文字的可读与不可读之间，试图缩短距离，慢慢寻觅出路。

"能不能减少互动？能不能不用电？"冯梦波近几年也在思考科技作用于艺术时所造成的局限性，他以"做减法"的形式修剪掉不必要的呈现手段。在一个只有画作与观众的房间里，观者能更好地欣赏艺术，对艺术品进行"膜拜"。讨论到此，似乎又回到了本雅明的光韵定义，我们都相信——艺术品有其难以替代的气质。而记忆呢？它始终在摸索能够展示光韵的最好形式，对于冯梦波而言，那便是仪式。

原刊于《典藏·今艺术》2015年7月刊

冯梦波二〇〇九年北京尤伦斯当代艺术中心（UCCA）个展"重启"，
将其代表作《游戏结束：长征》变换成一个互动装置，象征着
冯梦波在创作上的重新出发　艺术家供图

"大音无响：冯梦波图谱"展二〇一五年作品《非礼勿视》，105x49厘米　艺术家供图

闲话"文青"生活

周婉京（以下简称"周"）：你上次和我提过的荒木经惟题的书法现在裱起来了吗？当时《一千遍》的题字是怎样得来的？

朱砂（以下简称"朱"）：没挂，还没裱。拍张照片就用了。荒木很喜欢写字，他早年有一个作品集就是自己写的封面，他的字体很瘦长，日本一直有从梁宽开始的书法传统，他们也很喜欢文人画、法常的感觉。我在大都会看他们早期的册页，看起来笨笨的，边上有画，让人觉得特别匠气，但是他们还是顽固地执行，匠气带出另一种价值，匠气的价值不低。

荒木的个性让我知道他会这么写，他用画面和他的写法，有点玩闹、嘻嘻哈哈的气质挺符合我们工作室的气质，正好有个朋友给荒木看朱新建的字，有相似的地方，那就让他写了这样几个字。之前，他在北京做过一个展览，他写了一个"生死"，他也会照着朱新建写字，也会写和制的字。

周：就着这个名字，可否先谈谈一千遍工作室的创建初衷和来由？

朱：因为我出身是做平面设计，上学、工作都是从事这一行。但是可能在欧洲，设计并不是那么具体的一个概念，专业性一点来说叫做视觉传达。具体到一本书、一张海报代表的某一媒介，未必，更多的是觉得传达这东西是一种传播。传播在什么领域里最厉害呢？肯定是政治，政治宣传。我们上学的时候，总会向往会不会有一个政党或国家，此类体量特别大的大家伙，可以去操持它的宣传。但普遍来说，在和平世界中，没有这样的机会。所以退而求其次，你没办法为权力服务，你就要为资本服务，那就是商业（包含文化）。

我很喜欢戈贝尔（Paul Joseph Goebbels）说的那句话，纳粹的宣传中提到"重复一千遍就是真理"。但是他有一个问题，他特别相信公共领域的厉害。宣传，能改变很多事情。二十世纪的历史离不开宣传，因其包罗了大众、公众这个概念。这当然是一个理想化的论述，但实际操作未必。

二〇一四年，真正从欧洲回到中国以后，我发现政治跟我没什么关系。我们上一辈的设计师，他们早年学的不是设计，而是装潢，实用美术在那个年头就是工艺美术，不像今天能够细化成交互设计、包装设计，统称就是视觉传达。

再往前追一追，刚有设计的时候，好像是三十年代，包豪斯那会儿（Bauhaus，1919—1933），实用美术、设计是两个东西，分开建筑和平面，那根儿上我们就是做画面的一群人。这个工作室里面，陆陆续续有孩子进来，主要是央美、清华的多一些，再有就是国外回来的设计师。那么，无论他是在哪里受的教育，他们都比较向往有更新的公共领域，我们可为它做宣传。目前看来，做不到，所以做文化，故称之为一千遍。

周：微信朋友圈做了两个月了，有怎样的感触？

朱：我们现在的公共领域的文娱生活真惨淡，比如说，论及周末生活，我们究竟能做些什么呢？上上班、看《看理想》，吃饭的时候听听别人扯淡，书评可以看，但也很有限，例如上海的《东方早报》和北京的《新京报》等几个，屈指可数。你的信息量很有限。上了豆瓣，你看到一本书好，你还得有一个甄别过程，例如有个人说这本书特别好，你还得分析看某某某上过什么学、认识什么人，说实话你的信息来源是狭窄的。而报纸和电视是又不可做参考。你突然发现，那个犄角旮旯里有个年轻人，他可能读一本东欧诗人的文集，但他通过这些东西，虚拟了、脱离了一小块（现实），能让我们稍微探讨一下这些东西。

中国的出版业不发达，他们推荐的所谓的好书，并不具有参考性。我忽然发现，通过微信手机端的这个东西，李某某、王某某的年轻人是具体化的——"爱吃咸的、寸头、近视"，形象很生动的，非常具体到个人。这些人能认真、诚恳地告诉你这个东西具体怎么好。我们工作室现在有小十个人，今天谁想起来了，有工夫弄那么一下子，我们所说的话比如就是李某某喜欢看韩剧，你要告诉我们为什么喜欢，为对自己的选择负责。所以，在做公众号之前，我会花很多时间来看这些"李某某"。

周：我觉得你刚刚提到三个情况——微信的"隐士"状态，内容上的"嫉俗如仇"，叙事方式的非扁平化。那么带到另外一个问题，在北京文艺圈子里，你觉得，这几年里，朋友们获取知识的方式是否有了很大的变化？

朱：根本意义上来谈，我觉得不会有特别大的差别。举个例子，一个北京孩子和美国孩子都看好莱坞大片，蝙蝠侠大战超人，都觉得特牛，虽然心里有根本性的差异只有你自己知道，北京孩子会想"除了蝙蝠侠,我们还有个孙悟空",那是一个加法,不算是区别。

那么北京有没有特别特殊的地方,那就是稍微单一了一点。北京会有"一窝蜂"的状况,比如我活在这个地方,我打开手机,然后会有微信,腾讯新闻会推送,然后大家都会聊这个事。一个男孩守着瘫痪已久的女友,大家就会夸他,然后过两天发现原来是这男孩打的,特别无稽但也荒诞。这呈现了一个问题,就是我们都在其中,共同关注同一件事。有没有其他渠道?那我觉得还是很有限。我是守着我关注的作家,从我的社交状况中得到回馈和信息,再有就是你不可避免地觉得中国还是第三世界,你要不可避免地牵挂着法国、美国究竟在发生什么。之前香港巴塞尔期间,几乎我朋友圈里的朋友刷的都是巴塞尔的事,又是"一窝蜂"。可能在欧洲就不会出现这个情况,比如说更喜欢戏剧的朋友,他真的会出现一些人名我完全没听说过,然后他告诉你哥们儿怎么好了,有些特别奇怪的,能满足我猎奇的心理和兴趣。而在北京这座城市中,没有新鲜事。

在公共领域,我们前两天做《阿城文集》,算是很大的事,到了二〇一六年,还有哪些别的作家?我们关心来关心去还是这些人,还是五六十年代那批人。我刚回到北京的时候,对年轻人有期待,但后来发现他们的崇拜有时候很盲目,不崇拜中国人,而崇拜外国人,可并不让我觉得受到才华上的压力和挑战。

周:就是前两天,有人问我"你觉得中国当代小说界,哪一个作家写得好",我发现我一时间答不上来。我想了想,说不上来,只好勉强作答说:"我挺喜欢刘索拉和她那个年代的人。"

朱：你确实没法回答，现实就是这样。

周：你们做设计的许多甲方是书一类的，你和王咪都提过纸媒发展的前景问题，包括《艺术财经》杂志去年也结业了，这个情况现在似乎越来越普遍，你认为，纸媒真的是"多喝点热水"就能好的吗？

朱：我其实一直觉得这是个伪命题，首先要分清楚的一个概念是，纸媒并不包括书本，纸媒真的是纸上媒体（资讯类的）。资讯类不是最便捷、有效的"最优解"，慢慢沦落了，当它遇到替代品的时候，它自然就不够有效了，然后成为替代品了。

但是出版不一样，出版市场虽然也不好，问题不在于读者为何不理我了，不是由"中国没有诗人"这样的命题造成的。好多时候，是内容做得真心不够好。反过来想，我们做文学出版的时候，你要细化地了解你的客户群是谁，这跟做客户一样，是有一个准确的规范的，我觉得目前中国出版的思路还停留在"红宝书"的时候，但这不是市场经济。市场经济是非常精准的，再为此形成一个商业行为，这个叫做规范，叫做商业行为。

同样，在出版和媒体也是这样的。作为一家出版社，你高高在上和作者谈，作者凭什么把稿子给你？这肯定是有条件的，有应对和更合适的方法，你要以一个准确的方法投放给市场，然后市场才会给你反应。

我们回到刚才那个话题 ——"我们的市场今天真的很多样化吗？"我觉得远远不够吧。纸媒，说句老实话，内容基本上是大同小异，我没有觉得哪本特别突出。有基本可能不错，也就是稍微花了些心思，内容相对突出一些，但他们定位读者多准确吗，我觉得未必，它可能资源比你多一些而已。他们是在做大做强，而非精准地面向读者。我在法国很爱看《Etapes》（艺态），销量非常小，但是稳定就是给平面设计师看的，然后他们编辑部总共就四个人，连选题、编辑、发行一共就四个人，四个人撰写一个代表法国设计专业的书，非常厉害。很多人说它多么有专业水平，实际上是"定位准确"，我只提供这方面的资讯。可能你报道诺贝尔的专题很火，但我只做专业领域内的事情。

周：但是既然是一个工作室，一个公司，就要有管理的成分。你认为当设计师、策划师难一些，还是当老板难？

朱：我没把自己当老板看，我们设计室的人比较年轻，有很多项目。在欧洲，我们半年做一件事情，现在大大缩短了，欧洲是三个月操持一下，一个月做大项目。我们大概一年不超过十个人，通常不超过六七个，然后有一半的编辑，有一半的设计师，美院再带两三个实习生。偶尔间断一下，大体上是小十个人。

我个人其实是极力避免当"老板"的，因为早年我是做独立设计师的，我都要"一肩挑"。如今情况有些不同，来找我们的人，正好是有要求，我们碰到的甲方都还不错。但我不会精打细算，我的计算方法也很简单，就是工时加成本，我就如实收费，但这种工作方法在欧洲不是那么普遍。做了两年，还算顺利。我就没有特别烦的地方。

周：聊一点艺术方面的事，你和王咪最早接触到艺术是以怎样一种途径？

朱：如果说是大写的"艺术"，可能因为我之前没怎么在中国生活。在西方，情况很不同，我们接触到美术是一件很平常的事情，例如会去学校。我回中国的时候，因为家庭的原因，接触到了一些人，再加上从事工作、娱乐上，频繁地接触艺术家和这个领域。

周：按艺术家的生活而不是"文青"的方式生活，生活方式上有何变与不变？

朱：我们今天说艺术这个词，周末有十几个展览同时进行，各种问候，然后朋友聚在一起吃顿展览饭。我认为不应该是这样，但在欧洲，我谈恋爱约一姑娘，去了咖啡馆之后，我们能干什么呢？正巧隔壁有间美术馆、画廊，那就进去看一会儿，然后晚上看戏。看完了话剧，然后姑娘情绪波动特别大，那么我们就去她家或我家，我觉得这是很正常的一件事。

很多时候，对话发生在北京，都是陈述性的，不会看戏剧或做其他方式的交流，这是什么？这是在"相亲"。说到戏剧，说来说去就那几个人。你要看赖声川，就得两千多块钱一张票。我觉得中国最正的一路文艺青年就是热爱戏剧的，他们肯花一万块钱买票，然后坐着火车跋山涉水地跑去乌镇。

周：有种伍德斯托克的即视感。

朱：我告诉你他们聊的是什么，全是关于华格纳，像是《尼布龙根的指环》（Der Ring des Nibelungen），他们会从音乐剧、戏剧再一路聊开，和你聊到文学和聊舞美的事情。我觉得这才是立体的生活，其他的更多的所谓文艺青年都是聊聊诗、散文之类的事情。我很羡慕，但我可能聊不动。在北京，也许有，但很有限。

周：其实我比较关心的是，我们这一代人的艺术生产方式上的问题，像是你和王咪身处在文学界和艺术界，和父辈、祖辈相比，在艺术生产方式上发生了怎样的变化？

朱：我懂你的意思。就是今天的中国人未必是"中国人"，国家身份不局限在你的那张纸上，年轻人到处旅游、到处跑，这导致参照系的改变。朱新建当时会看华君武、叶浅予的画，然后慢慢地看中国画家，之后跑到巴黎后开始看欧洲美术史，他是这么一步一步的。那你去看陈丹青的《纽约琐记》也能看到，留洋艺术家的遭遇大同小异，刚开始都是特别糟糕的局限的环境。朱新建提到过那时候中国大街小巷摆着的锅碗瓢盆上有各种齐白石的复制品，我看齐白石是一个电子图片，他看到的齐白石是印在杯子上的，完全不当东西看，都是复制品和复制品的复制品。

我们看到电子图片的时候，环境相对好一些了，当然也就更重视一些。他们的参照很有限，所以艺术创作更依赖个人的求知欲和努力，今天你我了解世界的方式不会差异太大，你知道的事情我基本上也知道。当然会有些事你知道而我不知道，但大体上是差不多的。

今天的中国人普遍不老老实实在中国待着，刚开始觉得"外边真好"的人，过了一段时间后，他觉得外国也不过如此。所以，艺术生产的方式会受到很大的压力，你前面排了一堆同时代的人，他们前面还排着上一个时代的大家，同时还受到庞杂的历史和各个行业的影响。陈丹青说早期在美院遇到一个年轻人，问他"您怎么看华格纳？"，然后陈丹青被问愣了。只有今天的小孩会这么问问题，他会把音乐家放在他的参照系中，也会思考这些音乐家的成功和经验是怎样的，他们是这么聊天的。

可老一辈人不会这么聊天，虽然他们的视野是开阔的。那个年代的人，年轻的时候聊聊弗雷德、萨特、弗洛伊德已经是时髦的，这在今天都不太是个事儿，身边可参照的人巨多无比。现在的人面临着巨大的压力，时代很平庸，没有大事件发生，然后地球平了，没有任何人期待看到新东西。个体被平庸的琐事包围，在这样一个时代没那么伟大，所以我不做艺术家。

周：我有些担心的一个状况是，如果不懂得辨别，就很难意识到自己的辨别机制、标准中少了什么、多了什么，更不用说什么阅读的问题、喜好的问题……知不知道什么情况是明白、什么是不明白，具不具备能力意识到自己的欣赏水平的去向与局限，这些都是值得质疑的问题，我觉得。

朱：看来你很担心陈述、"相亲"的问题（笑）。

周：对，这关乎着批判力的问题，不说这些"不开心的"了。你和王咪最近有什么特别关心的事？

朱：我们最近可能比较关心找房的事。下个月也要搬工作室了，方家胡同的一个小院，它是以前的车床车间。以国子监为中心，号称"胡同中的798"，喝茶、弹琴、做电影的朋友都聚在那边。你没有实质性的内容可做的情况下，相对地让自己舒服。我琢磨着，繁华的三里屯待过了，798也待过了，现在该换换了，想着一年换一个地方。

胡同里，阳光特别好，门口有个大爷就蹲那里看报纸。边上这边，有些年轻人开的潮店。再往前走，门口有一群大爷在下棋、聊天。门口有个小酒吧，放的是首特别老的法国歌。再往前走，是个工业大院，现在改做餐饮、设计用途，很安静。有一两个穿校服的年轻小孩从院门前经过，也有小孩在院里面玩，大妈和野猫安静地在旁边待着。楼下有一排小酒吧，在那边工作，我想着时不时地可以下楼喝点啤酒。

周：楼上，一千遍的孩子正在做设计。

朱：没错（笑）。

阿城文集之三《威尼斯日记》封面　视觉设计由一千遍工作室负责

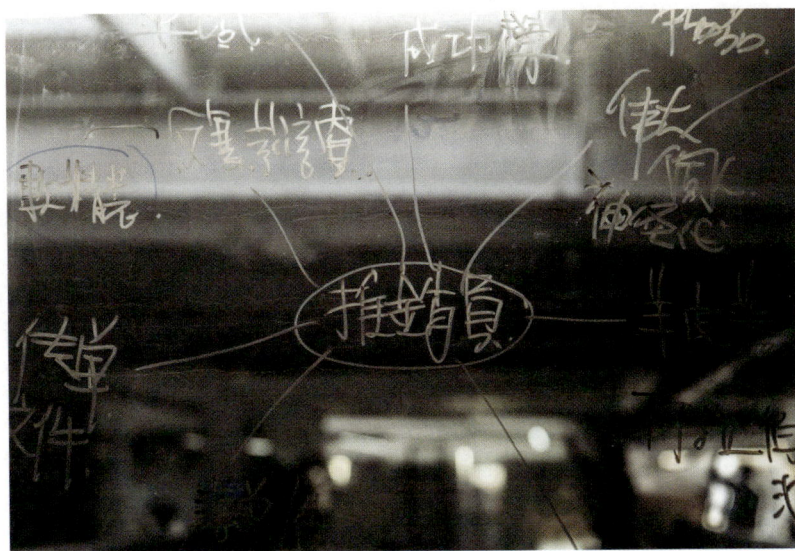

一千遍工作室内的玻璃墙上写满了头脑风暴之后产生的创意、想法　李卓摄影

后记：谈一场不空泛的"恋爱"

谈话和谈恋爱一样，不宜空泛。说多了说少了，话的功效完全不同，保不齐也有祸从口出的时候。若是因为惧怕说话就乔装哑巴，恐怕到头来会憋坏了身子。

我平日里除了倒腾自己那一点"宝贝"（基本都是小物件），向别人请教门道，也常去看画展。画展上开幕礼总是一出好戏，汇聚了经久未见的老朋友。叫不出名字的熟人见面，两人都不敢轻易开口，谁先寒暄起来把对方的名号叫错了，岂不有伤感情？所以这时候，最好聊的话题是"您也来了""吃了吗""工作、家里最近怎样"。等到吃完开展宴，一散伙，空泛的聊天终于结束，从此萧郎又成路人。

年轻人更是常有不敢主动和长者谈话的情况，担心话不投机、遭人诟病，或是因对方名气太大或敬仰或却步。这种导致却步的敬仰很大程度上是和对方掌握的话语权力有关。换句话说，当意见相左的时候，面孔稚嫩的青年能够发声，却不一定能使人信服。

这种情况下，许多人失落，也有些人误入疯魔。鲁迅先生在《集外集》中曾有《记"杨树达"君的袭来》一文，文中生动描绘了那个袭击他的（主要是精神层面的恐吓）杨君斥责他时的形象："……晨报馆的钱已经送来了罢，哈哈哈。什么东西！周作人，钱玄同；周树人就是鲁迅，做小说的，对不对？孙伏园；马裕藻就是马幼渔，对不对？陈通伯，郁达夫。什么东西！Tolstoi，Andreev，张三，什么东西！哈哈哈，冯玉祥，吴佩孚，哈哈哈。"

无论这位杨君事后是否"痊愈"，在当时应算得上"愤青"了。几句"什么东西"、几句"哈哈哈"虽然刺耳，不失青年人的可爱之处。如今再看人与人的谈话交际，能在思想上正面"袭来"的人不多，网络上的"逆袭"倒是不少。

《清思集》只讲了四十个访谈故事，于我个人是不断反省自己过去的思考、颠覆一些固有的认知。于您，我就不得而知了。好在艺术欣赏不同于坐大巴车跟团出国旅游，景点线路不是安排好的，个体观看的经验不是复制粘贴所得。有感而发的东西，不会局限在"好漂亮""好伟大""好壮观"这些形容词上。好一阵味同嚼蜡的"吹嘘"，还不如轰轰烈烈谈场"恋爱"来得实在。

参考资料

参考书目：

1. 朱光潜编，《养心殿造办处史料辑览》（紫禁城出版社，北京，2003年）

2. 《求知雅集藏中国近代书画》（求知雅集、香港中文大学文物馆，香港，1987年）

3. 王世襄，《明式家具珍赏》（三联书店（香港）有限公司/文物出版社（北京）联合出版，1985年）

4. 王世襄，《明式家具研究》（三联书店（香港）有限公司，香港，1989年）

5. 伍嘉恩，《明式家具二十年经眼录》（紫禁城出版社，北京，2010年）

6. 《故宫博物院藏文物珍品全集：清代宫廷绘画》（香港：商务印书馆，1996年）

7. 张异滨、柯君恒主编，《南京大学珍藏金石拓本（一）》（科学出版社，北京，2015年）

8. 洪银兴、蒋赞初主编，《南京大学文物珍品图录》（科学出版社，北京，2002年）

9. 古方，《古玉的辨伪与鉴定》（文物出版社，北京，2009年）

10. 史作柽，《水墨十讲——哲学观画》（典藏艺术家庭，台北，2008年）

11. 徐小虎著，王季迁对谈，《画语录：王季迁教你看懂中国书画》（典藏艺术家庭，台北，2013年）

12. 《常玉油画全集》（大未来艺术出版社，台北，2001年）

13. 《常玉——中国现代主义艺术的先锋》（耿画廊，台北，2013年）

14. 张春记，《吴湖帆》（西泠印社出版社，杭州，2005年）

15. 胡佩衡、胡橐，《齐白石画法与欣赏》（文化艺术出版社，北京，2011年）

16. 伯希和著，耿昇译，《伯希和敦煌石窟笔记》（甘肃人民出版社，兰州，2008年）

17. 郎绍君，《二十世纪中国画家研究丛书·齐白石》（天津杨柳青画社，天津，1997年）

18. 《白石留韵——上卷》（人民美术出版社，北京，2008年）

19. 《万象神采：二义草堂藏近代中国书画》（香港中文大学文物馆，香港，2014年）

20. 常书鸿，《九十春秋——敦煌五十年》（北京大学出版社，北京，2011年）

21. 常书鸿，《常书鸿画集》（日本一枚绘社出版，1981年）

22. 常沙娜，《敦煌历代服饰图案》（轻工业出版社，香港，1986年）

23. 高璐、崔岩编，《常沙娜文集》（山东美术出版社，济南，2011年）

24. 常沙娜，《黄沙与蓝天：常沙娜人生回忆》（清华大学出版社，北京，2013年）

25. 郑闻慧，《黄胄作品集（全7册）》（河北教育出版社，石家庄，2007年）

26. 费大为主编，《'85新潮档案》系列丛书（上海世纪（上海人民）出版社，上海，2007年）

27. 荒木经惟著，果露怡译，《其实我啊，相信写真》（新星出版社，北京，2015年）

28. 卡特琳·格鲁，《艺术介入空间》（广西师范大学出版社，2005年）

29. 木心，《我纷纷的情欲》（广西师范大学出版社，2007年）

30. 木心，《伪所罗门书——不期然而然的个人成长史》（广西师范大学出版社，2008年）

31. 陈丹青著，木心口述，《木心谈木心——《文学回忆录》补遗》（广西师

范大学出版社理想国，2015年）

32. 爱德华·萨依德著，薇思瓦纳珊编，单德兴译，《权力，政治与文化：萨
    依德访谈集》（城邦（麦田）出版，台北，2005年）

33. 蒲松年，《中国艺术史》（联经出版社，台北，2006年）

34. 高居翰，李佩桦等初译，《气势撼人：十七世纪中国绘画中的自然与风格》
    （石头出版股份有限公司，台北，2013年）

35. 杭迫柏树著，周培彦译，《王羲之书法字典》（天津人民美术出版社，天
    津，2004年）

36. 朱朱，《灰色的狂欢节》（广西师范大学出版社理想国，2013年）

37. 陈箴，《陈箴》（上海书店出版社，上海，2006年）

38. 《前进艺博会：艺术收藏X全攻略》（典藏艺术家庭股份有限公司，台北，
    2011年）

39. 安德里亚·贝利尼（Andrea Bellini）、塞西莉亚·阿雷曼尼（Cecilia Ale-
    mani）、莉莲·戴维斯（Lillian Davies）编，王萍译，《收藏当代艺术》
    （金城出版社，北京，2012年）

40. 李昱宏，《灰色的隐喻：时间、机会、摄影与决定性瞬间》（田园城市文
    化，台北，2009年）

41. 亚瑟·丹托著，林雅琪、郑惠雯译，《在艺术终结之后：当代艺术与历史
    藩篱》（城邦（麦田）出版，台北，2010年）

42. Gustav Ecke, *Chinese Domestic Furniture*, Henri Vetch, 1944, reprint-
    ed by Charles E. Tuttle, Rutland, Vermont and Tokyo, 1962.

43. Maurice Merleau-Ponty, *Phenomenology of Perception*, translated by
    Donald Landes, Routledge 1 edition, 2013.

44. Hans-Ulrich Obrist, *A Brief History of Curating: By Hans Ulrich Obrist*,
    JRP | Ringier, 2008.

45. Walter Benjamin, *The Work of Art in the Age of Mechanical Reproduc-*

tion，Create Space Independent Publishing Platform，2010.

46. Michael Sullivan，*The Arts of China*，University of California Press; 5th Revised & enlarged edition，2009.

47. Richard Vine，*New China New Art*，Prestel Publishing 2 edition，2011.

48. Mowry，Robert D.，ed.，*Modern and Contemporary Chinese Ink Paintings from the Chu-tsing Li Collection，1950-2000*，New Haven and London：Yale University Press，2007.

49. Jean-Francois Lyotard，*The Postmodern Condition：A Report on Knowledge*，translated by Geoff Bennington & Brian Massumi，University Of Minnesota Press; 1st edition，1984.

50. Maya Lin，*Boundaries*，Simon & Schuster; Reprint edition，2006.

51. Abigail Solomon-Godeau，*Photography At The Dock：Essays on Photographic History，Institutions，and Practices（Media and Society）*，Univ Of Minnesota Press，1994.

52. Lucy R. Lippard，Six Years：*The Dematerialization of the Art Objects from 1966 to 1972*，New York：Praeger，1973.

参考期刊：

1. 巫鸿，"Emperor's Masquerade- 'Costume Portraits' of Yongzheng and Qianlong"，*Orientations*，1995年7/8月，25-41页。

2. 杨翎，〈全球化与大英博物馆〉，台湾国立自然科学博物馆《博物馆学季刊》第18卷4期，32页。

3. 王静，〈洪浩：重塑观看之秩序〉，载于《东方艺术·大家》，2013年6月，84-87页。

4. Hans-Ulrich Obrist，"First Take"，*Artforum*，no.5，2006年1月，180-181页。

参考图录：

1. 中国嘉德香港2015秋季拍卖"见微知著——奉文堂吉金"专场图录（中国嘉德香港国际拍卖有限公司，2015年1月）

2. 苏富比《太仓仇氏抗希斋曾藏珍品》专拍图录第三辑"明清瓷器和各式珍玩"（伦敦苏富比拍卖行，1981年秋拍）

3. 香港苏富比2014秋拍瓷器专场图录（香港苏富比拍卖行，2014年10月）

4. 香港苏富比2015春拍瓷器专场图录（香港苏富比拍卖行，2015年4月）

5. 香港保利2015春拍中国及亚洲现当代艺术专场图录（香港保拍卖有限公司，2015年4月）

6. 香港保利2015秋拍中国及亚洲现当代艺术专场图录（香港保拍卖有限公司，2015年10月）

7. 佳士得2015秋拍近现代中国书画专场图录（香港佳士得拍卖行，2015年12月）

图书在版编目（CIP）数据

清思集 / 周婉京 著. —— 北京：作家出版社，2016.8
ISBN 978-7-5063-9108-5

Ⅰ. ①清… Ⅱ. ①周… Ⅲ. ①艺术品 – 收藏 Ⅳ. ①G262

中国版本图书馆CIP数据核字（2016）第196583号

清 思 集

作　　者：周婉京
责任编辑：秦　悦
装帧设计：一千遍工作室
出版发行：作家出版社
社　　址：北京农展馆南里10号　　邮　　编：100125
电话传真：86-10-65930756（出版发行部）
　　　　　86-10-65004079（总编室）
　　　　　86-10-65015116（邮购部）
E-mail:zuojia@zuojia.net.cn
http://www.haozuojia.com（作家在线）
印　　刷：中煤（北京）印务有限公司
成品尺寸：148×210
字　　数：252千
印　　张：11.125
印　　数：001~10000
版　　次：2017年1月第1版
印　　次：2017年1月第1次印刷
ISBN　978-7-5063-9108-5
定　　价：58.00元